Carlos Alberto do Nascimento (espírito)

Vozes que Alertam

Premonição - uma Realidade

Psicografia

Amarilis de Oliveira

Mundo Maior
Editora
Seu futuro começa aqui.

Vozes que Alertam
Premonição - Uma Realidade

1ª Edição – Março/ 2004 – Mundo Maior Editora

Diretoria Editorial:
Onofre Astinfero Baptista / Eurípedes Rodrigues dos Reis
Editor:
Eurípedes Rodrigues dos Reis
Assistente Editorial:
Renata de Carvalho
Conselho Editorial:
Jether Jacomini Filho
João Demétrio Loricchio
Zélia Therezinha Lopes Mimessi
Projeto Gráfico e Diagramação:
Renata de Carvalho
Criação de Capa:
Raul Rangel
Revisão:
Débora Costa Matheus
Beatriz Pasqua Bolonha

Mundo Maior Editora
Fundação Espírita André Luiz
Rua Duarte de Azevedo, 728
02036-022 - São Paulo - SP
(11) 6979 2157

Prefácio

Quando a premonição despertou com toda força dentro de mim, não podia acreditar. Ignorante, julgava incrível demais, sem reparar que tudo o que nos cerca é, realmente, incrível demais.

Não percebia, claramente, que esse sentimento sempre estivera presente em minhas emoções, de forma mais discreta, pois as necessidades até ali tinham sido amenas.

Dali em diante, ela seria fator determinante para minhas decisões e dos meus.

A premonição é uma das formas, mais marcantes, de comunicação dos Espíritos amigos, para aqueles que não têm uma mediunidade muito desenvolvida ainda. E eu precisava dela, naquela travessia de família, tão trágica, tão árdua, apesar de todas nossas dúvidas, enganos e erros.

Boa Leitura!

Carlos Alberto do Nascimento

(ORBE* dos Escritores)

* **Organização Brasileira Espiritual**

Por que vozes gritam dentro de mim e eu tento calar?

Porque esqueces que tua origem é bem maior; esqueces que tua existência é ampla, e, pior, esqueces que tens amigos sempre a te guiar.

Vinícius
(ORBE* dos Escritores)

Vozes Que Alertam

Premonição uma Realidade

O dia era sábado, um sábado preguiçoso, modorrento. Levantei-me da mesa, e, andando poucos passos, tornei a sentar-me na varanda; podia ouvir o mugido do gado, ao longe no pasto, o cantar de alguns pássaros, na árvore de frente.

Olhei para o céu e ele me parecia muito mais azul e brilhante. Pensei: Que mundo é este? Belo, grave, suave e cruel.

Minha mãe falou alguma coisa e eu não ouvi, parecia que meus ouvidos se recusavam a ouvir a voz humana. A paisagem à minha frente parecia querer falar-me algo, em uma língua que eu não entendia. Mas minha mãe falou mais alto e meus ouvidos não tiveram opção, a não ser escutá-la.

— Vai ou não resolver o que lhe pedi?

— Desculpe, mãe, o que foi que me pediu?

— Você anda muito aéreo, desde a semana passada venho falando disto. Você vai ou não arrumar aquela cadeira que está quebrada? Uns poucos pregos e pronto, está novinha!

Eu sorri, lembrei-me que, realmente, ela vinha me pedindo aquilo fazia alguns dias. Um trabalho fácil e rápido, porém eu não queria fazê-lo naquele momento.

— Mãe, acabei de acordar, faço antes mesmo do meio-dia - prometi.

Ela me olhou de cima a baixo com expressão de dúvida. Sim, tinha seus motivos para duvidar. Senti-me intimidar. Levantei-me com muita má vontade; queria ficar sentado ali, olhando a paisagem em frente, recusando-me a ouvir a voz humana; queria entregar-me aos sons da natureza que eu sempre fora sensível; queria me fundir com ela, naquela paz aparente.

Desde pequeno eu imitava os sons dos pássaros com perfeição, para envaidecimento de meus pais, eu crescera e a graça tinha acabado. Mas estando sozinho, ainda o fazia.

Fui em direção ao celeiro, onde estava a tal cadeira com uma das pernas quebrada. Cheguei junto a ela e o problema era pior, não era, somente, falta de preguinhos, eu teria que construir outra perna.

Dei uma olhada no celeiro à procura de madeira, tinha certeza de que havia; aquele celeiro parecia uma loja de armazém, tudo que se precisasse, ali encontrava.

Rapidamente encontrei; me armei de serrote, lixa, boa vontade, e comecei a montar uma bancada do lado de fora, onde batia sombra ainda.

Ouvi o som do avião de meu pai chegando; dei uma olhada rápida para o céu na direção de onde ele deveria vir, e não o distingui.

Sendo rotina as nossas idas e vindas em pequenos aviões, pois nossa fazenda ficava afastada, e muito, do que chamavam de grandes cidades onde os negócios aconteciam, voltei minha atenção ao que ia fazer.

O som do avião pareceu estar mais alto, como se estivesse ao meu lado. Eu pude ouvir claramente em meus sentidos: Corra! Corra!

Sem pensar, larguei literalmente tudo no chão e saí correndo em direção ao jipe. Pulei nele, ligando-o rapidamente e saí acelerado para a pista de pouso. Levantando meus olhos em direção ao céu, eu pude ver o avião ainda no alto, pensei: Estou maluco! Como posso ter largado tudo no chão como um imbecil e vir correndo até aqui? Como muitas vezes faziam as crianças dos empregados, admiradas pela nave.

Resolvi dar meia volta antes mesmo de chegar à pista de pouso, mas embora tivesse tomado essa decisão, continuei indo apressadamente em direção a ela.

Neste momento vi que o trem de pouso tocava nela, um grito angustiado soou dentro de mim. Acelerei o jipe ainda mais, e vi quando o avião começou a pegar fogo, um fogo repentino que eu não sabia de onde vinha.

Já estando ao lado da pista, parei o jipe e pulei dele. O avião sequer tinha parado direito e eu já forçava a porta, gritando:

— Pulem daí, há fogo lá trás! Pule pai! Pule Júlio!

Rapidamente abri a porta e puxei meu pai; Júlio, o piloto, pulou do outro lado, começamos a correr, nem dez passos longe do avião e ele explodiu, derrubando-nos no chão com o deslocamento de ar.

Levantei-me rapidamente para verificar se algum estilhaço tinha atingido alguém. Meu pai estava pálido, parecia com dificuldade para respirar.

— Pai, o que sente? Acalme-se. Estamos todos bem; afirmei me sentindo aflito e muito assustado também.

Ele não falava, e tive certeza de que passava mal; talvez um problema de coração. Passou-me pela cabeça que, sem o avião, o socorro levaria horas para chegar.

Pulei sobre ele, e rasgando-lhe a camisa, comecei a fazer-lhe massagem cardíaca, dizendo:

— Júlio, vá até em casa. Peça ajuda, ligue para algum vizinho vir aqui com sua aeronave.

Júlio entrou no jipe sem questionar, e eu continuava a fazer massagem cardíaca em meu pai. Vi outro jipe da fazenda se aproximando, com o veterinário que trabalhava para nós. Parando o veículo, ele saltou de um pulo só, aproximando-se com sua maletinha, e, estando ao meu lado, me disse em tom apavorado.

— Você tem razão, é um ataque!

E ele ali, com os instrumentos que usava como veterinário, começou a socorrer mais profissionalmente meu pai.

Sentei-me ao lado. Parecia que eu também não conseguia respirar. Pouco tempo depois, um outro jipe se aproximou, já traziam uma maca; Júlio estava de volta, trazia minha mãe e outros empregados. Comunicou-me:

— O Sr. Osvaldo já vem. Mas temos que limpar a pista.

O avião ainda pegava fogo. Como limpá-la para que o outro pudesse pousar?

Ouvi minha mãe chorando. Levantei-me do lado de meu pai, o que fazer? A fazenda do sr. Osvaldo ficava a duas horas de viagem de carro por aquelas estradas estreitas e difíceis, mas de avião seriam menos de quinze minutos. E o nosso avião ainda pegava fogo. Perguntei-me: É tão pequeno, onde tem tanto o que queimar?

Vi que o veterinário tinha improvisado uma tenda de oxigênio, que às vezes era usada nas cirurgias dos animais. Sempre tinha sido um excelente veterinário, e eu tinha certeza de que estava fazendo o melhor que podia naquela improvisação toda.

Logo ouvimos o som do outro avião; o nosso estava bem no meio da pista. Cheguei mais perto, o combustível ainda queimava, não havia como apagar, apesar de estar sendo tentado com extintores de incêndio. Olhei em direção à pista que sobrava, tive certeza de que o piloto não iria conseguir pousar, era pouco espaço.

Vi o avião fazer uma curva e preparar-se para pousar. Fechei até meus olhos, roguei que outro acidente não acontecesse.

De olhos fechados ainda contei até vinte, ouvindo o som do motor aproximando-se; roguei que um avião não se chocasse com a carcaça do outro.

Novamente ouvi dentro de meu cérebro alguém dizer: Não vai. Não vai.

Abri os olhos e o avião já havia pousado; nem quatro metros da carcaça do outro, em menos de meia pista.

O Sr. Osvaldo desceu apressadamente, dizendo:

— Foi um ataque cardíaco mesmo?

Jorge o veterinário, respondeu:

— Sim. Mas como vamos conseguir levantar vôo?

— Vamos conseguir; respondeu o Sr. Osvaldo com firmeza.

Cheguei perto dele para agradecer, mas minha mãe já o fazia. Vi que o piloto dele pedia aos homens que estavam ali para virarem o avião no braço; juntei-me a eles. O piloto mediu com os olhos a pista que teria para taxiar, sorriu, beijou uma medalhinha que tinha presa a uma correntinha no pescoço, e nos disse:

— Tenho fé que não chegou meu momento; não é, minha mãe Virgem Maria?

Em outro momento qualquer, eu teria caído na risada e me divertido com esse comportamento, mas me vi pedindo a Ela que os protegesse.

Rapidamente colocaram a maca, com a tenda de oxigênio improvisada, no avião. Jorge já estava pronto para ir, e eu sabia que de modo algum eu caberia.

Abracei minha mãe sem dizer nada. Eles se acomodaram; fiquei olhando o avião taxiar. Sentia meu corpo gelado, meu coração como se quisesse bater.

Sabia que a pista tinha sido construída maior do que mandava a lei, mas não cinqüenta por cento à mais.

No caso de um acidente seriam cinco mortes, e ainda um processo por se fazer uma manobra perigosa; mas tínhamos opção?

Vi o avião começar a correr e sair da pista levantando vôo. Meus pés continuaram colados ao chão, eu não conseguia dar um passo enquanto os via tomar o espaço.

Um dos empregados pegou no meu braço, dizendo:

— Vamos, estão nas mãos de Deus.

Eu não me mexi; fiquei mastigando as palavras que ele me dissera como se me fosse difícil entendê-las.

— Venha! Vamos para a casa, o melhor lugar será ao lado do telefone; repetiu ele tentando obter uma reação minha.

Dirigindo-me pelo braço, ele me levou até um dos jipes. Acomodei-me no banco do passageiro e não disse nada. A última visão que tive ali foi dos empregados começando a limpar a pista. Outra coisa que não devíamos fazer, mexer nos destroços antes que a perícia chegasse.

Voltando para a casa, me sentei na varanda novamente; meu corpo parecia adormecido. Logo Júlio se aproximou, dizendo:

— O avião vinha bem até três quilômetros daqui, depois começou a falhar. Avisei seu pai que teríamos um pouso difícil. Não sei o que pode ter acontecido, a manutenção estava perfeita.

— Júlio, sei que você é atento, principalmente porque sua vida também está presa a este trabalho. Depois falamos disso, agora estou trêmulo demais.

— Compreendo. Lastimo muito.

Eu podia sentir que Júlio estava a ponto de chorar, e eu também. Eu e meu pai sempre tínhamos sido unidos, tanto que dos três filhos de meus pais, apenas eu tinha ficado na fazenda.

Um deles era um bom vivã, naturalmente preguiçoso, e era motivo de desgosto para todos nós. Sempre tinha problemas de dívidas com jogo, bebida e enrosco com mulheres.

Minha irmã havia se casado há cinco anos, vivia no Rio de Janeiro, raramente ia nos visitar. Percebi que eu tinha que me sentar ao lado do telefone e avisar a cada um deles, e mais, meus outros parentes sobre o que tinha acontecido e o estado de meu pai.

Lembrei-me que sequer sabia para que hospital o haviam levado. Preferi esperar que minha mãe ou qualquer outra pessoa que o tinha acompanhado, me ligasse com informações precisas.

A esposa de Jorge se aproximou me perguntando:

— Desculpe incomodar, mas onde está meu marido? Eu soube que houve um acidente com o avião de seu pai; ele está bem?

— Não sei. Teve um ataque do coração por causa do susto. Jorge foi junto para o hospital. Estou tão assustado que nem me lembrei que você não devia estar sabendo.

— Não tem problema, emergência é emergência. Assim que ele puder, entra em contato comigo. Precisa de alguma coisa?

— Não. Agora não.

Sendo amigos da família, Lígia, esposa de Jorge, se aproximou e sentou-se na cadeira ao meu lado. Pegou minhas mãos entre as suas, e me disse:

— Não fique assim. Morrer não é tão ruim. Todos nós temos nosso dia.

— Espero que meu pai não morra. Nos fará muita falta.

— Sei que fará. Mas procure pensar que tudo sempre é para melhor.

Olhei-a com certa indignação. Como podia dizer que um acidente daqueles havia acontecido para melhor? Ela sentiu minha indignação, soltou minhas mãos e levantou-se de imediato. Sem dizer mais nada, saiu.

Fiquei olhando-a ir. Como se tivesse me dito um desaforo, e eu tivesse obrigação de revidá-lo, mas não tinha encontrado palavras.

Entrei. Fechei a porta, queria ficar quieto, pois parecia que palavras surgiam dentro de mim, vindas de fora, desde aquela manhã. Ou será que já tinham ocorrido e eu não as havia sentido?

Fui para o meu quarto. Era sábado, e a empregada não estava, era seu dia de folga. Minha mãe nunca gostara que a empregada estivesse presente aos sábados e domingos. Dizia que o mínimo que uma família devia ter era privacidade para estar junta.

Apesar de Amélia ser quase da família, sabíamos que era um tanto faladeira, gostava de fofocar sobre a vida das pessoas. Porém, era de boa índole, de coração bondoso, um tanto maliciosa, talvez.

Olhei a hora, nem meia hora que tinham ido; como estaria meu pai?

Fui até a cozinha e procurei a garrafa térmica; pegando uma xícara, me servi de um pouco de café. Sentei-me em cima da mesa e comecei a tomá-lo em pequenos goles, olhando pela janela, vendo a leve cortina que o vento balançava.

Um vazio enorme começou a tomar conta de mim, parecia que depois daquele susto nunca mais eu iria ter qualquer emoção.

O telefone tocou e meu coração quase saiu pela boca; corri em direção a ele. Era minha irmã, Clara, perguntando por minha mãe. As duas se falavam muitas vezes durante a semana. Fiquei novamente em dúvida se lhe adiantava o assunto ou não.

Menti, pedindo-lhe para ligar mais tarde, alegando estar nossa mãe pela fazenda e eu não sabia onde. Clara me disse:

— Queria contar um sonho a ela. Sonhei que papai sofria um acidente. Foi horrível, um tanto confuso, o avião dele caia, e ao mesmo tempo levantava vôo com outras pessoas dentro.

Olhei a hora, nove da manhã, perguntei:

— Quando você sonhou isto?

— Nem meia hora; você sabe; aos sábados e domingos durmo até às dez. Mas depois deste sonho não consegui dormir mais. Eu via, também você aparecer correndo, não sei de onde. Carlos, você tem certeza que está tudo bem? Estou me sentindo tão agoniada, não costumo acordar assim.

— Mana, menti para você porque não tenho notícias, me perdoe. Realmente o avião de papai sofreu um acidente; nosso pai está a caminho do hospital no avião do Sr. Osvaldo; teve um ataque cardíaco por causa do susto, do acidente em si, ele e Júlio saíram intactos.

Houve um silêncio do outro lado, eu sequer ouvia a respiração de Clara. Longos minutos, depois, ela disse com voz embargada:

— Sabe para onde o levaram?

— Não! Foi tudo tão apressado que sequer perguntei. Aliás, acho que decidiram isto em vôo.

— Meu Deus! Assim que tiver notícias de onde estão me diga; largo tudo e vou para lá.

— Clara, não espalhe a notícia ainda.

— Fique tranqüilo. Tomara que o tenham trazido para cá.

E dizendo isto, ela desligou o telefone. Sentei-me no sofá, com a xícara de café ainda na mão. O que estava nos ocorrendo? Minha irmã, embora se lembrasse confusamente, tinha visto o acidente; como era possível? *

Como haviam me avisado via mente, para eu correr para a pista. Realmente, se Júlio estivesse sozinho, não teria como buscar ajuda e prestar socorro ao mesmo tempo.

Sentado ao lado do telefone, ainda, como se todo meu destino fosse ele quem resolvesse, me mantive quieto. Acabei de tomar o café, colocando a xícara na mesinha de centro.

As janelas abertas deixavam a brisa e os raios de sol entrarem, procurando brechas no movimento das cortinas, refletindo-se no chão encerado.

Não sei quanto tempo se passou, e bateram timidamente na porta. Estava só encostada; eu podia gritar que entrasse, mas pa-

*Fenômeno chamado desdobramento ou projeção astral. O espírito afasta-se momentaneamente do corpo denso, porém sempre ligado pelo denominado: Cordão de Prata, que só se rompe definitivamente com o que classificamos de morte.

recia que o som de minha voz quebraria algo dentro daquele ambiente. Não me levantei para atender.

Ouvi a voz de Lígia, dizendo:

— Carlos, você está aí? Jorge acabou de me ligar. Posso entrar?

Pesadamente levantei-me, e fui em direção à porta, abrindo-a.

— O que ele disse? Perguntei temendo.

— Estão no hospital, seu pai está internado na U.T.I. Nada se sabe ainda, mas queria lhe dizer que ele chegou vivo lá.

— Por que você fala como se ele fosse morrer?

— Desculpe, eu não quis dar essa impressão; também estou assustada. Meu marido me disse que o caso é grave.

— Desculpe-me, você. Entre!

— Não é preciso. Nessas horas há pessoas que querem ficar acompanhadas, e outras sozinhas; você faz o tipo que quer ficar sozinho.

Eu sorri. Nunca tinha prestado atenção real naquela mulher, até porque com ela eu não tinha muito contato. E, dizendo isto, ela se virou para ir, desceu dois degraus, dos três que haviam na entrada, e voltou-se, perguntando-me:

— Você não almoçou, não é? Quer que eu lhe traga algo? Já fiz almoço.

Olhei a hora e já passava da uma, estranhei, não vira passar às dez, às onze.

— Se quiser pode almoçar lá em casa. É melhor estar bem alimentado, pode precisar ir para o Rio a qualquer momento - continuou ela.

Ela tinha razão. Por isso encostei a porta, e acompanhei-a até a casa onde morava com o marido.

Jorge era aparentado nosso, primo em segundo grau de minha mãe. Tinha se formado veterinário e meu pai, por consideração, tinha lhe dado o emprego. Logo ele provara ser um excelente veterinário.

Com todas aquelas cabeças de bois, cavalos e outros animais, precisávamos de um veterinário vinte e quatro horas, por isso raramente ele se afastava da fazenda.

Quando completara um ano trabalhando para nós, pedira dias de licença para se casar. E vinte dias depois trazia sua esposa, Lígia. Uma mulher calada, um tanto distante das outras pessoas, embora tivesse muita amizade com minha mãe, que gostava muito dela.

Mas eu, mal a conhecia, não me lembrava, naqueles cinco anos que ela já morava lá, que tivéssemos conversado mais de duas horas; somando todas às vezes.

Seguimos em silêncio até sua casa. Ela pediu-me que sentasse à mesa; serviu-me o almoço e sentou-se do outro lado, dizendo um tanto embaraçada:

— Já almocei. Pensei ir lá chamá-lo. Sabia que Amélia não estava, mas me intimidei. Não me senti com essa liberdade.

— Eu nem percebi que já passa da uma hora da tarde. Mas você tem razão, saco vazio não pára em pé.

Brinquei para quebrar aquela tensão. Ela sorriu levemente. Levantou-se, pegou uma jarra com suco, de dentro da geladeira, servindo-me em um copo grande.

Até por educação eu procurava algo em minha mente para conversarmos, perguntei:

— De onde é sua família?

— Nasci em São Paulo; me formei em psicologia.

— E não a exerce.

— Foi uma escolha dura, extremamente difícil. Ou meu marido ou a carreira.

— Escolheu o marido - falei em tom de brincadeira.

— Se a razão falasse a mesma língua da emoção, eu teria ficado com a carreira. Até tentei, mas não consegui estar bem longe dele, e ele de mim.

Olhei-a novamente; para ela devia ser como estar enterrada. Lembrei-me de seus cinco anos de casada; quis perguntar por que ainda não tinham filhos, pois a vida financeira era bem privilegiada. Jorge ganhava bem, tinha uma boa casa ali.

Como se ela percebesse que eu iria fazer uma pergunta indiscreta, levantou-se, pediu licença por alguns minutos e saiu.

Continuei a me alimentar, realmente era boa cozinheira. Era a segunda vez que eu entrava naquela casa depois que Jorge se casara.

Na primeira, Lígia tinha ido visitar parentes e ficara quinze dias fora; eu acompanhara Jorge até ali depois de uma sessão de vacinação. Bebêramos algumas cervejas e depois eu me fora, esta era a segunda vez.

Logo Lígia voltou. Começou a lavar alguma louça e eu não conseguia mais pensar em assunto nenhum para termos ao menos uma conversa amigável.

— Jorge me disse que há cinco éguas prenhes que terão o parto na semana que vem - comentou ela.

— É verdade, mas, normalmente, a natureza faz sua parte muito bem. Como prevenção, ele ficará de plantão.

Ela sorriu. Olhou pela janela em frente à pia.

— Curioso, desde que me levantei hoje senti que o dia estava diferente. Parecia mais quieto, como se o mundo pedisse silêncio.

Eu sorri, talvez o que eu sentira fosse o mesmo, mas ainda não sabia como traduzir em palavras, pois tinha sido apenas sensação. Ela continuou:

— Você sabe o que é um Buda?

— Claro!

— Eles dizem que para coisas materiais as palavras expressam muito bem, para as emocionais elas simplesmente faltam.

— Eu também senti coisas diferentes essa manhã e, como você disse, não sei ainda explicar.

— Carlos, perdoe-me, mas se prepare para a morte de seu pai. Não me deteste, mas ele não passa de hoje à noite. Faça sua mala, coloque roupas para sua mãe, e, por favor, leve roupas para meu marido também.

Ante o que ela me falava, o alimento parou na minha garganta, eu não conseguia engolir. Não sabia o que pensar, e logo tive certeza de que aquela verdade já passeava em minha mente, eu a sufocava por não querer aceitar.

A moça se virou para mim, encostando-se na pia, me olhou bem nos olhos, dizendo:

— Perdoe, mil vezes perdoe, parece até que sou cruel, mas eu sabia. Há uns quinze dias eu disse ao meu marido para ele se acostumar à idéia.

— Como pode saber? O acidente foi repentino. Saíram e estava tudo bem, tanto que foram e somente a três quilômetros daqui o avião começou a dar pane.

— Prefiro não lhe dizer, vai ter certeza que é loucura minha.

Empurrei o prato ainda com alimento. Duas lágrimas rolaram do rosto dela, silenciosas, pediu de novo:

— Por favor, não me deteste. Estava me sentindo na obrigação de lhe dizer, e ao mesmo tempo com medo de sua reação.

Eu me levantei da mesa empurrando a cadeira. Tive vontade de quebrar tudo que via pela frente, em um acesso de raiva, inútil. Mas não de Lígia e sim da situação que eu também sabia que viria.

Depois de alguns minutos, falei:

— Meu pai tem apenas sessenta e cinco anos; é um homem forte, trabalhador, saudável. Mas quem não tem um ataque vendo o avião em que se está pegar fogo? Nem sei como Júlio conseguiu pousar.

— Há nossas escolhas.

— O que é isso? Ninguém escolhe morrer, também não acredito que um Deus fique apontando um ou outro como em uma caçada. Escolho este hoje, amanhã aquele.

— É muito mais complexo. Fazemos escolhas. Já pensou que seu pai pode ter decidido que vocês já estão adultos, com suas vidas formadas e já há muito têm as rédeas de seus destinos.

Eu sorri com ironia.

— Não fale besteiras, se fosse assim pais não morreriam com filhos pequenos.

Ela abaixou a cabeça ante meu tom. Olhei o prato ainda com alimento. Acreditei que seria falta de respeito sair deixando-o ali. Voltei a sentar-me, e a comer forçadamente.

Rapidamente acabei, bebi o suco e disse-lhe, tentando ser simpático:

— Preciso voltar para o lado do telefone.

— Claro! Mas faça suas malas, vai precisar viajar.

Saí dali em um conflito imenso, será que Lígia tinha razão? Por quem eu fora inspirado a sair correndo em direção à pista?

Se ela falava a verdade que já sabia e dissera ao marido, aquele acontecimento tinha sido decidido no mínimo quinze dias antes. Como? A primeira coisa que eu faria era perguntar a Jorge, assim que ele colocasse o pé na fazenda.

***

Não era sete da noite quando novamente o telefone tocou, era Clara, e eu senti que ia me dar uma notícia desagradável.

— Carlos, mamãe está aqui. Jorge a trouxe. Ligaram do hospital há pouco, papai morreu.

E, perdendo o controle, ela começou a chorar, fiquei quieto ouvindo. Aos soluços ela continuou:

— Mamãe estava muito nervosa, e deram-lhe um calmante; está dormindo. Nem sabe o que ocorreu ainda.

— Vou avisar os outros e vou para aí.

— Não! Deixe que eu faço isso. Você já vai ter que dizer a muita gente, a todos da fazenda. Precisamos decidir onde será o enterro.

— Aqui. Vamos trazer o corpo para cá.

— Então fique aí; Jorge e o sr. Osvaldo já estão lidando com a papelada.

Mal desliguei o telefone e bateram na porta. Fui atender já sabendo que era Lígia, seu modo de bater novamente soara tímido. Olhando-me, ela disse:

— Jorge acabou de me ligar, mas percebo que você já sabe.

— Clara me ligou. Pedi para trazerem o corpo para cá.

— A pista já está limpa?

— Não sei. Parece que não consigo me mexer ou pensar, e as horas pulam. Agora pouco me dei conta que são mais de sete horas.

— Se não jantou, eu posso lhe trazer algo.

— Não precisa, farei um lanche.

— Quer companhia agora?

— Não. Vou precisar ligar para muita gente.

— Se me der a agenda posso ajudá-lo, assim diminuirá esta tortura.

— Então, entre!

Ela entrou e eu deixei a porta escancarada, os sons da noite me alcançaram. Fui ao escritório, peguei a agenda de meu pai, tanto a comercial quanto a pessoal.

Dei a comercial a ela, dizendo:

— Há alguns que tem telefone particular, o resto só na segunda-feira, durante o expediente comercial.

— Carlos, é melhor que eu ligue para os seus amigos. Você terá que contar o que aconteceu para cada um, e está envolvido muito intimamente, isto é horrível de fazer.

Olhei para a agenda pessoal que estava em minhas mãos, era algo difícil de fazer realmente, mas tinha que ser feito e cabia a mim.

Ela pegou a agenda comercial e se retirou. Sentei-me ao lado do telefone, respirei fundo e comecei as ligações, demorando-me muito em cada uma delas, dando explicações e explicações. O que me cansava muito.

Quando deram dez horas, julguei que o melhor era parar, e mal tinha feito dez ligações.

Fui até a cozinha e fiz um lanche, indo me recolher em seguida, sem conseguir pregar os olhos. Eu sabia que todos um dia morreríamos, mas a morte de meu pai, naquele momento, parecia sem sentido algum.

Perguntei-me se meu irmão Inácio era quem estava certo, pois não se apegava a nada; gastava dinheiro feito água. Causava muito desgaste familiar, brigas sem fim com meus pais e procurava se manter sempre afastado das pressões para que fizesse alguma coisa útil de sua vida.

Rolei de um lado para outro com tantos questionamentos, que quando o dia começou a amanhecer, eu tinha certeza de que viver não valia a pena, por mais luxo que se tivesse.

Tomei um bom banho. E, apesar de ser domingo, quando fui para a cozinha, Amélia estava lá. Tinha os olhos vermelhos de tanto chorar e por ela eu soube que a notícia já tinha se espalhado pela fazenda.

Ela tinha sido avisada por Lígia, que fora procurá-la, ela tinha avisado não sei mais quem e assim, mesmo sendo sete horas da manhã, todos já sabiam.

Tomei apenas um pouco de café preto e voltei ao telefone com a agenda nas mãos.

***

Eram quatro da tarde quando eu finalmente fechei a agenda. Respirei fundo, tarefa cumprida. Levantei-me do sofá e fui até à casa de Jorge, queria saber se Lígia já tinha feito a parte dela.

Sim. Até porque os que tinham telefone particular eram poucos, eram as pessoas que nós tínhamos algo mais do que um relacionamento comercial.

Cheguei a pensar se deveria realmente ligar para os outros ou apenas veriam no obituário do jornal local, que eu ainda precisava mandar colocar. Mas só conseguiria fazer isto na segunda-feira.

Ela convidou-me para que eu sentasse um pouco na sala, e pela primeira vez eu observei aquele cômodo. Tinha bom gosto na decoração, embora sem grandes luxos. A moça me perguntou:

— Posso fazer mais alguma coisa para ajudar?

— Neste momento não. Agradeço sua ajuda.

— Já sabe quando chegará o corpo?

— Não. Seu marido e o senhor Osvaldo estão cuidando de tudo. Eu ainda não sei o que pensar. Preciso fazer muitas coisas, mas a pior já fiz.

— Vejo que não conseguiu dormir. Pergunto-me, por que não aceitamos a morte tão naturalmente como aceitamos o nascimento?

— As ligações são fortes. Penso na saudade que sentirei de meu pai, na falta que ele fará.

— Devia agradecer ter tido um pai amigo, isto não acontece a todos.

— Eu sei disso. Por isso, ele sendo a pessoa que é, devia viver até os duzentos anos.

— Por isso, sendo a pessoa quem pensamos ser, não merece ficar muito tempo aqui. Há outros vôos, bem mais altos.

— Não me venha dizer que meu pai ficará ao lado de Deus, acariciando carneirinhos pela eternidade.

Ela caiu na risada, percebi que tinha um lindo sorriso.

— Se acaso pudéssemos ficar ao lado de Deus, com certeza não seria na ociosidade, pois pense o tanto de trabalho que dá para se reger este Universo.

— Não é hora para refletir sobre essas coisas.

— Eu creio que é justamente a hora de se refletir sobre essas coisas. Pois ficamos tão ocupados com nosso dia-a-dia que não refletimos sobre nada, a não ser sobre o que faremos, materialmente, amanhã.

Eu me levantei. Não sabia onde Lígia queria chegar, cheguei mesmo a pensar que ela estava incomodada por estar sozinha.

— Preciso ficar em casa - falei.

Ela também se levantou.

— Claro! Pedi a Amélia para ir assisti-lo, já que sua mãe não está aí.

— Obrigado.

Peguei a agenda comercial que estava sobre um móvel e saí. Indo em direção da casa, pensei: Será que seria importante saber o que ocorria depois da morte? Ou isto só interessava a quem já estava morto?

Ao me ocorrer esta última pergunta, algo surgiu de dentro de minha mente, uma certeza de que não era um pulo para o nada, que havia um outro caminho a ser percorrido.

Fiz força para me lembrar o que se seguiria e não consegui. Era como se tivesse a resposta na ponta da minha língua e eu não conseguisse pronunciar.

Voltei imediatamente para a casa de Lígia, a porta estava aberta, a um passo da porta eu chamei:

— Lígia!

Logo ela apareceu no meio da sala, perguntando:

— Posso ajudar?

Os olhos dela estavam ligeiramente arregalados, como se temesse o que eu fosse falar, lhe perguntei:

— O que há depois da morte? Você parece saber.

— Uma outra vida, em outro estado corpóreo.

E, dentro da minha mente, formou-se a frase: Eu já sabia, como pude me esquecer.

Vendo-me quieto, ela perguntou:

— Não acredita?

Eu sorri de leve.

— Claro que sim, apenas não conseguia me lembrar.

Ela sorriu. Virei as costas e fui em direção a minha casa novamente, procurando me lembrar de mais detalhes, sem conseguir. Mas aquele pesar, que eu sentia pela morte de meu pai, mudou, eu estava mais conformado, passei a mentalizar que ele estivesse em paz e feliz, seja lá onde estivesse.

No fim da tarde ouvi o som do motor de um avião, deduzi que fosse o senhor Osvaldo. Segui para a pista e fui recepcioná-lo. Sim, era ele e mais dois técnicos da aeronáutica que tinham vindo fazer a ocorrência.

A primeira coisa que reclamaram foi do fato de termos mexido na fuselagem. Olhei para o senhor Osvaldo significativamente, pois com certeza ele já havia dito o porquê de termos retirado.

Deixei os técnicos para que ficassem à vontade. Convidei o sr. Osvaldo para ir até a casa. Entramos no jipe em direção dela. Ele me disse o quanto lastimava a morte de meu pai e acrescentou:

— O susto deve ter sido muito grande, foi um ataque quase que fulminante, só não foi fulminante porque vocês o socorreram de modo adequado.

Carlos, fiquei hospedado ontem a noite na casa de sua irmã e, como gosto muito de você, gostaria de dizer que sem querer ouvi uma conversa entre ela e o marido. Talvez haja guerra em família pelos bens, desculpe me meter em coisas tão íntimas.

— Clara não fará isso. Sabe que não há porquê brigar. Não tomarei nem um tostão de ninguém; e outra coisa, nossa mãe ainda está viva.

— As pessoas sob pressão parecem outras, eu já testemunhei isto em minha família, em pessoas que eu mais confiava.

— Na minha família o único que pode causar problema é meu irmão.

— Inácio, é verdade. Onde anda ele?

— Para falar a verdade, não sabemos. Já liguei para o último número de telefone que ele nos deu e deixei recado. A pessoa que atendeu parecia sonolenta, confusa.

— Tomara que ele não esteja metido em drogas. Vi aquele menino crescer, assim como vocês. Outra coisa, deixe esses homens fazerem o que quiserem, examinarem até pêlo em ovo, são para isso que são pagos.

— Não farei nada para impedi-los. Por que o faria?

Ele calou-se. Passei por um dos empregados e pedi a ele que entrasse no jipe, para depois voltar, indo pegar os técnicos que haviam ficado na pista de pouso.

Perguntei ao senhor Osvaldo:

— Como eles irão embora depois?

— Um helicóptero virá buscá-los, não se preocupe.

Parei o jipe e descemos. Antes de entrarmos em casa dei as chaves para o empregado, pedindo que voltasse a pista de pouso e ficasse às ordens dos técnicos.

Entramos em casa, o Sr. Osvaldo e eu. Pedi à Amélia um café para nós dois, perguntei-lhe:

— Como está minha mãe?

— Melhor, acordou hoje de manhã e estranhamente não aos prantos como temíamos. Parece que está em pleno controle.

— Graças a Deus!

— Você também me parece muito bem.

— Creio que resgatei o que já sabia e parei de temer a morte, minha ou de qualquer outra pessoa.

Ele sorriu intrigado. Tomamos o café falando de como iríamos trazer o corpo; depois ele se foi, pedi a outro empregado para levá-lo de volta à pista.

O avião dele passou por cima de casa, eu pensei com lástima: Logo outro estará trazendo o corpo de meu pai. Mas por que vou lastimar? É apenas um utensílio que acabou de perder importância. Agradecemos ao Criador o fato de o termos tido. Foi um bom pai, um bom homem e sempre será meu amigo.

O telefone tocou. Era Lígia perguntando se tinha sido seu marido quem tinha chegado no avião. Contei-lhe que tinham sido o sr. Osvaldo e os técnicos. Avião para não mais de cinco pessoas, portanto, mesmo que Jorge quisesse ter vindo, não teria lugar.

Desligamos rapidamente, e eu roguei que os técnicos não quisessem encontrar um culpado. Não havia; meu pai confiava em Júlio, mas não era de forma alguma, descuidado; costumava dizer:
— Filhos, eu não dou o comando de minha vida e meus negócios a ninguém, pois a responsabilidade é sempre minha. É a estabilidade financeira de minha família; a honra de manter o que vem desde meu avô. Valorizar seu trabalho desde que chegou nesta terra, fugido da guerra, com poucos trocados no bolso e trabalhar de sol a sol. De meu pai que continuou este trabalho de uma forma já amenizada, e eu que modernizei. Deixo a vocês, e espero que vocês não os desiludam.

Sorri. Se meu pai dizia que esperava que nós não os desiludíssemos, também, sem perceber acreditava que eles podiam acompanhar, nem que fosse de longe, nossa existência.

Já era madrugada quando ouvi o som de um carro chegando; questionei quem seria, esperei que batessem na porta, mas ninguém o fez.

Assim que levantei-me, a primeira pessoa a quem vi foi Jorge, ele cumprimentou-me, e me fez novo relato do que havia acontecido no Rio de Janeiro. Tinha vindo de avião comercial e alugado um carro. Pedia-me que eu mandasse alguém devolver.

Depois voltou ao seu trabalho, estava preocupado com as éguas prenhes. O resto das providências tinham ficado nas mãos de meu cunhado, Fernando.

Sentado à mesa, tomando meu desjejum, fiquei avaliando meu cunhado. Um homem de boa posição financeira, que minha irmã conhecera na Universidade. Alguém que eu sabia, todos fingíamos gostar. Nunca havia feito nada, naqueles anos de casado com Clara, que desabonasse sua conduta.

Por que ninguém tinha gostado dele desde o primeiro momento? Mas Clara o amava apaixonadamente e isto fora respeitado. Ela fora morar no Rio de Janeiro desde que tinha se casado. Moravam em um apartamento de frente para a praia, e eu nunca tinha ouvido uma queixa dela em relação ao marido. Será que eu poderia esperar dele algo de ruim?

Não! Avaliei, esperava, sim, de Inácio, este já tinha desvios comportamentais acentuados. Tudo que lhe caía nas mãos ele perdia. Toda vez que ia para a fazenda, era briga com meus pais na certa. Era indolente, e o maior pesadelo de meus pais era que se metesse com drogas, pois com mulheres complicadas já era praxe.

O telefone tocou novamente. Amélia atendeu enquanto eu acabava de me alimentar. Logo depois ela voltou da sala, me comunicando:

— É Inácio, ele já ficou sabendo. Diz que chega aqui amanhã de manhã. Carlos, ele mandou lhe dizer para não roubar a parte dele.

Olhei para Amélia, ela me passava o recado de olhos baixos. Apenas fiz um sinal com a cabeça de que tinha entendido. Será que Inácio não podia ser discreto quanto aos seus interesses, nem naquele momento? O corpo de nosso pai sequer havia sido enterrado ainda.

***

Na segunda-feira, tarde da noite, Fernando me ligou dizendo que o melhor seria enterrar o corpo de meu pai no Rio de Janeiro. Eu tinha avaliado melhor e tanto fazia; meu pai não estava lá, apenas o corpo que deveria ser devolvido a terra.

Logo na terça-feira, pela manhã, avisei o senhor Osvaldo de onde seria o enterro. Ele não poderia ir, portanto, viajei sozinho; Jorge bem que queria ir, mas pedi que ficasse; com certeza eu passaria uns três dias no Rio.

Curiosamente, tive vontade de pedir que me permitisse levar sua esposa. Mas julguei que seria muito indelicado.

Chegando ao Rio, minha irmã me esperava no aeroporto, sozinha. Perguntei por nossa mãe e ela estava no apartamento de Clara, me esperando.

Rapidamente chegamos. Abracei minha mãe, depois fui tomar um banho, pois o calor estava insuportável e conversamos um pouco. Logo depois fomos para onde estava sendo velado o corpo de meu pai.

Pouco antes das cinco horas da tarde ele foi enterrado, em uma cerimônia simples, com poucas pessoas. Mas se fosse na fazendo, só de conhecidos, amigos e empregados haveria uma multidão. Perguntei-me: Em que isso pode realmente interessar? Será que, a seu modo, eles não estão todos aqui?

Como eu esperava, insistiram que eu ficasse mais um dia. Prestei atenção ao meu cunhado. Ele parecia com certa ânsia, como se quisesse falar urgente sobre um assunto e soubesse que ainda não era a hora, contendo-se forçosamente.

Olhei ao redor, tentei de alguma forma sentir o ambiente da casa de minha irmã, mas a situação era de exceção e eu só sentia nela muita tristeza.

Na quarta-feira saí um pouco com minha mãe, passeamos em silêncio na praia de frente. Eu lhe perguntei, como quem não quer nada:

— Mãe, você reparou se Clara e o marido estão se dando bem?

— Creio que sim. Ela tem chorado, mas eu também. Não gosto do marido dela, ele nunca me fez nada, por isto me sinto injusta, e foi ele, nesse momento, quem mais correu para resolver tudo a contento. Tanto que Jorge e Osvaldo puderam voltar para a fazenda. Inácio não veio.

Clara ligou para o número que tinha, mas não conseguiu deixar recado, quem atendeu disse que nunca tinha ouvido falar dele. Meu Deus, onde e o que anda fazendo meu filho?

— Saiu no obituário de hoje. Talvez ele leia - falei para não magoar ainda mais minha mãe, pois Inácio já sabia sim, tinha falado com Amélia.

— Paciência.

Voltamos a ficar em silêncio e continuamos andando. Eu queria ir logo para a fazenda, sentia-me incomodado na presença de meu cunhado. Tinha vontade de lhe dizer:

— Fale o que está precisando falar.

Voltamos ao apartamento. À noite, quando Fernando chegou parecia ainda mais nervoso. Eu quis ficar sozinho com ele, mas Clara e mamãe não deram chance, muito menos minha sobrinha de quatro anos.

Nesta noite eu não consegui dormir. Rolei de um lado para outro; tudo parecia me incomodar, até o barulho do ar condicionado, e dos carros que passavam na avenida, cujo barulho, mal chegava ao apartamento no décimo terceiro andar.

Resultado: Nem tinha amanhecido ainda e eu fui sentar-me na sala, esperando que alguém acordasse. Procurei, nas prateleiras da estante, um livro ao acaso, e tentei concentrar-me nele. Não consegui, acabava de ler a página e não me lembrava sequer de uma linha.

Recoloquei-o no lugar e aproximei-me da janela, abrindo um pouco a cortina. A praia na frente estava vazia, um ou outro carro passava na avenida.

Quando clareou, algumas pessoas passavam fazendo Cooper. Logo depois ouvi uma voz atrás de mim, dizendo-me bom dia. Olhei e era Fernando. Sorriu falando comigo, como se tivesse obrigação de observar algo:

— Vocês de fazenda levantam cedo demais.

— Não consegui dormir.

— Eu compreendo.

Sentindo ainda a ânsia dele, perguntei sem intimidade, pois não tínhamos:

— Você parece ansioso e não só pelo acontecido.

— Foi bom que observou. Carlos, as coisas não andam bem para mim e o enterro de seu pai foi uma despesa que eu não contava. Sou obrigado a pedir que reponha o dinheiro o mais rápido que puder.

Senti-me um tanto chocado, minha carteira tinha ficado no quarto, mesmo assim falei:

— Por que não disse à minha mãe antes? Ela trouxe o talão de cheques.

— Não quero que Clara saiba. Ela fica muito preocupada à toa.

— Quanto foi tudo? Dou-lhe o cheque agora mesmo.

Ele disse a quantia e eu tive certeza de que estava exagerando. Não podia ter sido tudo aquilo. E por que, se não tinha dinheiro para arcar, tinha mandado Jorge e o senhor Osvaldo para casa, dizendo que fazia questão de resolver tudo?

Não querendo especular mais, fui até o quarto, preenchi o cheque, e voltando para a sala, dei-lhe. Senti-o sorrir levemente ante o cheque. Aí, então, não tive mais dúvidas de que ele estava lucrando, no mínimo, uns cinco mil reais à mais. Isto era uma comissão de vinte e cinco por cento, no mínimo.

Tomei a liberdade e perguntei-lhe:

— Você e seu pai não têm uma rede de lojas?

— Temos. Você sabe que temos, mas há recessão, as pessoas têm comprado menos, muito menos.

Curiosamente ele me respondeu a pergunta ainda segurando o cheque, como se quisesse sair correndo, e descontá-lo naquele momento mesmo. Não poderia, teria que depositá-lo, pois era de outro Estado.

Antes mesmo da hora do almoço, eu e minha mãe partíamos para casa. Tive vontade de comentar com ela o acontecido, mas não o fiz, ela estava muito triste e titicas de família só iam aborrecê-la mais.

Viajamos. Assim que chegamos ao aeroporto um empregado já nos esperava com o jipe; seriam umas quatro horas até a fazenda. Ele foi me narrando o que havia acontecido durante aqueles dois dias em que eu tinha ficado fora. Mas eu não estava interessado, nada tinha saído da rotina.

Chegamos em casa, eu me sentia muito cansado, tanto das noites não dormidas, como da tensão. Mesmo sendo meio de tarde eu e minha mãe fomos dormir um pouco.

Embora morto de sono, as expressões faciais de meu cunhado, quando falara comigo, apareciam em meu cérebro. Era lógico que eu iria reembolsá-lo de qualquer maneira, ele sabia disso. Mas por que a ânsia? Será que com medo que eu descobrisse que estava me extorquindo?

Era claro que eu perceberia, estava acostumado ao preço das coisas; vivia na realidade da vida e dos negócios.

Levantei-me da cama. Rolar de um lado para outro estava me irritando mais. Fui procurar Jorge; ele tinha acompanhado pelo menos parte daquele processo do enterro.

Encontrei-o facilmente dentro da baia dos animais. Ele me olhou, perguntando como tudo tinha ido. Respondi e fui direto ao assunto, pois não tinha como perguntar de outra forma:

— Jorge, você que acompanhou parte do desembaraço do corpo, diga-me o que aconteceu. Quando meu cunhado apareceu e quis tomar a frente?

Ele parou o que estava fazendo e permaneceu olhando-me, querendo adivinhar exatamente o que eu queria saber. Deu de ombros.

— Eu e o Sr. Osvaldo já estávamos cuidando de tudo, já tínhamos o atestado de óbito nas mãos, e já tínhamos também ido a uma funerária. Ele apareceu, disse que se sentia na obrigação, como genro, de cuidar de tudo. Comprou o caixão em outro lugar. O Sr. Osvaldo voltou, e eu logo em seguida. Por quê?

— Não conte a ninguém, quando eu fui reembolsá-lo, ele me cobrou um absurdo, uns vinte e cinco por cento à mais no mínimo.

Jorge assobiou, comentando logo em seguida:

— Nossa! Que cunhadinho bom esse que você tem, extorquir a família da esposa em uma hora dessas.

— Estou tão indignado, você nem imagina. Você ficou também hospedado na casa deles.

— Só uma noite, assim como o sr. Osvaldo; chegamos por volta da meia-noite, e às oito já saíamos.

— Você não ouviu nada de estranho.

— Não. Entenda que a situação era de exceção. Ouvi sua irmã chorar, sua mãe, mas era de se esperar. Não se preocupe. Dinheiro roubado não traz felicidade.

Bati no ombro dele amigavelmente e saí. Fui ao escritório. Sentei-me à mesa e lá fiquei olhando os papéis que àquela altura estavam jogados. Tinha que encontrar um advogado para fazer a partilha. Inácio, eu sabia, viria como lobo faminto.

O telefone tocou e eu atendi, era Clara, perguntou-me se tínhamos feito boa viagem, perguntou pelo estado de nossa mãe e depois me disse envergonhada:

— Carlos, meu marido gastou muito com o enterro de nosso pai, e por isso vou passar-lhe o número de nossa conta, deposite o valor, por favor.

— Clara, eu já o paguei, antes mesmo de sair daí.

— Quando?

— Hoje de manhã, em cheque, quer o número?

Fez-se um silêncio imenso no telefone. Esperei que ela dissesse alguma coisa, e depois, eu disse:

— Clara, ele mandou você me cobrar?

Com voz sumida ela respondeu:

— Não. Enganei-me, desculpe.

Dizendo isto ela desligou o telefone. Bati na mesa, irado. O quanto aquilo ainda iria render? O que realmente estava acontecendo? Tive vontade de colocar um detetive para investigar, mas isto era pouco digno, como diria meu pai.

Peguei o telefone e liguei para Clara novamente. Ela atendeu, perguntei-lhe diretamente:

— Clara, me diga, vocês estão com problemas financeiros?

— É passageiro. Não se preocupe.

— Clara, você é minha irmã. Já estavam antes ou apenas surgiu agora, depois da morte de nosso pai?

— Ontem meu marido disse-me para pedir-lhe algum dinheiro, por isso solicitei o reembolso. Você sabe que eu trabalho, mas meu salário mal paga o condomínio deste prédio.

Percebi que ela estava extremamente constrangida, por isto consolei-a, dizendo o que eu não pensava:

— Creio que ele não queria pedir o reembolso. A despesa pegou-o desprevenido.

— Claro que foi isso.

Disse ela se despedindo apressadamente e desligando o telefone. Não! Algo gritava dentro de mim que não era somente isso, e que iríamos ter problemas com meu cunhado.

E não deu outra. Na semana seguinte ligaram de um escritório de auditoria querendo marcar hora e saber como chegar à nossa fazenda.

Fiquei sem fala de tão irado, gritei:

— Para entrar na nossa propriedade, para verificar as contas da parte da herança de meu pai, que sequer morreu direito ainda, quero um mandato de segurança. Pois sequer começamos ainda o inventário.

Bati o telefone verde de raiva. Saí do escritório e encontrei minha mãe na varanda. Ela me olhou e arregalou os olhos, me questionando:

— O que ocorreu? Você está fuzilando?

Contei-lhe. Ela também ficou chocada, me disse amargurada:

— Quem está por trás disso só pode ser Inácio. Que filho eu fui ter!

— Não foi Inácio, foi aquele tal de Fernando.

— Por que ele faria isso? Clara me disse que aumentaram o número de lojas, e quem faz uma coisa dessas quer dinheiro a qualquer custo.

— Mãe, sei que foi ele, e quer saber o que mais ele fez?

E assim eu lhe contei; ela ficou parada, de pé, petrificada. Depois de algum tempo saiu da imobilidade, dizendo-me:

— O que ocorre com as pessoas diante de uma herança? Eu e seu pai devíamos ter feito um testamento, assim nos livraria desse vexame. Meu Deus, uma auditoria aqui, ainda se fosse do governo eu entenderia, mas contratada por meu genro. A herança nem é dele, é de Clara e ela jamais faria isso.

— Talvez nem esteja sabendo. Mãe, eles casaram com comunhão de bens?

— Não me lembro, não nos preocupamos com isso.

— Deixa para lá, eu resolvo. Não se preocupe.

***

Quase quinze dias depois Inácio finalmente ligou novamente para saber detalhes do que havia acontecido. Quando lhe contei o que havia ocorrido com o avião, ele me disse:

— Você vai comprar outro avião ou vai ficar com o dinheiro do seguro?

— Isto vai demorar, nem pensei nisso ainda, tem toda uma burocracia da aeronáutica, e já sei que leva meses.

— Deposite o dinheiro, vou querer minha parte também do avião, assim nem precisará vender o que não comprou ainda. Tchauzinho, irmão!

O modo dele, irônico, debochado fez com que eu tivesse vontade de vender tudo, e sumir com minha mãe, com os empregados e comprar outra fazenda, em outro lugar, desconhecido daquela gente.

Novamente me ligaram do escritório de auditoria, tinham ordens de fazer um balanço de porteira fechada. Eu me recusei. Se meu cunhado não tinha dinheiro para nada, como conseguia contratar aqueles especialistas, que eu sabia eram caríssimos?

Contratei um advogado para começar o formal de partilha, e lhe pedi instruções. Somente os herdeiros poderiam pedir uma auditoria, me afirmou ele.

Chegando em casa liguei para Clara, para o trabalho dela e falamos rapidamente. Contei-lhe que o marido dela havia contratado uma auditoria que ficava me ligando para enviar seus especialistas, e que eu achava aquilo absurdo. Lhe disse ainda:

— Clara, se você fizer isto, eu aceito, mas ele não.

— Carlos, eu jamais faria isto a vocês e juro, não sabia que ele tinha feito. Vou falar com meu marido.

— Com que regime de bens vocês se casaram?

— Separação parcial, ele mesmo quis assim.

Pensei: Bem feito! O feitiço virou contra o feiticeiro. Porém, eu não queria aquele tipo de relacionamento de lobo, um comendo o outro. Perguntei mais uma vez para deixar bem claro:

— Clara, você crê que deve se fazer uma auditoria?

— Não. Hoje mesmo vou falar com o Fernando. Ele pensa o quê? Que você vai esconder todas essas cabeças de gado; mesmo que quisesse nossa mãe não permitiria. Ela é tão minha mãe quanto sua. E creio que é falta de respeito com ela. Vou falar com meu marido.

Agradeci. Novamente pensei em mandar investigá-lo. Será que as lojas estavam mesmo em situação difícil, como ele havia me falado ou o que tinha dito à esposa era o que estava certo?

Voltei à minha rotina. Nem quinze dias depois Inácio chegou com uma mulher. Uma mulher vestida estranhamente; falava alto, com voz aguda. Parecia, extremamente, encantada com a fazenda, como se aquilo fosse tudo o que, um dia, ela havia pedido a Deus.

Eu e minha mãe nos olhávamos com certo espanto. Onde Inácio a tinha encontrado? Procurei sinais de consumo de droga ou álcool em meu irmão e não encontrei.

Os dois se alojaram no quarto de Inácio, que logo pediu para trocarmos a cama de solteiro por uma de casal.

Eu estava tomando conta de tudo, mas desde que ele estava lá, que trabalhasse também. Por isso o levei ao escritório, falei sobre o que estava ocorrendo na fazenda e fui logo dizendo-lhe qual parte lhe caberia fazer no dia seguinte.

Ele sorriu, me dizendo:

— Não quero tirá-lo de sua rotina. Esqueça que estou aqui. Vim, nem sei por quê. Fui, com esta boca grande, dizer a Magdala que meu pai havia morrido; ela perguntou quem era, e eu lhe mostrei o jornal. Pronto! Foi o suficiente para ela me encher o saco, querendo vir para cá. Logo vamos embora. E assim que o inventário estiver resolvido, mande minha parte.

— Como? Mando-lhe vacas, plantação e empregados via fax?

Ele sorriu com ironia:

— É claro que terão que vender a terra e tudo. Se não vender, como vão dividir?

— Nossa mãe ficaria de coração partido se vendêssemos a casa dela.

— Eu ficaria morto de tédio se tivesse que viver aqui. Pague minha parte, e eu desapareço muito feliz.

— Por quanto tempo viveria com ela?

— Sei lá. Depois de amanhã serei somente morto. Quero aproveitar a vida, não ficar enterrado no meio de bichos e suas bicheiras.

— Que o sustentam!

— Alguém tem que gastar o dinheiro desta família.

Falou ele rindo e saindo de minha presença. Encontrando a tal de Magdala, se abraçaram, e ela lhe disse encantada:

— Isto aqui parece o paraíso.

— Para quem gosta de excremento de animal, pode até ser; observou ele com certo desprezo.

Os dois caíram na gargalhada. Eu estava chocado com a falta de respeito pelos recursos da natureza. Senti um soluço atrás de mim e olhei. Era minha mãe que tinha os olhos cheios de lágrimas.

Aproximei-me dela e a abracei, dizendo:

— Calma, mãe, ele sempre foi assim.

— Por culpa minha e de seu pai. Se o tivéssemos forçado mais. Inácio nunca quis estudar, sequer tem um curso universitário como você e sua irmã. Levou quase seis anos para terminar o colegial. Como pode alguém ser assim tão indolente?

— Imaturidade, mãe. Mais cedo ou mais tarde, aprenderá, até à sua revelia, no amor ou na dor, pois a vida cobra.

Ela me olhou intrigada, mas não disse nada. Deixei-a e fui até o escritório cuidar da papelada. Pois para pagar os impostos, os salários e as despesas, a contabilidade tinha que estar em ordem e não eram mãos invisíveis que faziam aquele trabalho e sim eu, desde que viera da universidade.

***

Maio começou e com ele o começo do que chamávamos inverno. Inácio e Magdala estavam morando conosco, e brigavam muito. Podíamos ouvir, quase que diariamente, gritarem um com o outro. Quebrando a harmonia que sempre houvera em nossa casa, com exceção de quando Inácio chegava.

Certo dia, mesmo eu estando no escritório, o ouvi dizer, no meio de muito palavrão:

— O que você quer que eu faça? Não vou morar aqui até que vendam? Pode demorar meses, detesto ficar enfurnado no meio deste mato!

— Eu me sinto bem! Quero ficar aqui. Fico o dia todo sem precisar ralar. Tenho a vida que quero e sempre pedi a Deus!

Inútil, foi a única coisa que pude pensar. Pois eles acordavam tarde, ficavam o dia todo para lá e para cá sem fazerem nada, simplesmente sentados na varanda, ou deitados na rede. Muitas vezes saíam a noite, indo para a cidade, voltando de madrugada. Apesar de ser muito perigoso dirigir naquelas estradas de terra, tortuosas e esburacadas.

— Por que não arranja um modo de se casar com um caipira como meu irmão? Melhor, fique com ele, eu não faço questão - continuaram a briga.

A discussão passou para ofensas maiores ainda. Saí do escritório; não queria ouvir, e, ao passar pela sala, vi minha mãe na cozinha, fui até ela, que me disse:

— Pergunto-me: por que ficam juntos? Eles se detestam de manhã, de tarde, e à noite ficam felizes um com o outro.

— Quando saem para as badalações na cidade. Eu já disse a ele que é perigoso dirigir nessas estradas.

— Inácio é um homem adulto, inconseqüente, é verdade.

— Temo pelo futuro dele e muito.

— Pelo menos o Fernando parou com aquela história de auditoria.

— Clara é a única que tem este direito. Ela me conhece, eu não amo nenhum filho menos, nem mesmo Inácio. Do contrário, já o teria colocado para fora daqui com esta tal esquisitinha. Nenhum deles faz nada, e outro dia ela listou seus pratos preferidos. Deixei claro que o problema era dela; sugeri também que viesse à cozinha e os fizesse, servindo a todos. Você pisou aqui na cozinha? Nem ela. Como podem ficar o dia todo sem fazer nada e não sentirem tédio?

— Está na natureza deles, são ainda infantis. Crescerão, eu espero.

— E eu temo este crescimento, Carlos. A vida é dura com quem é indolente. Logo eu também me vou, e sei que você terá controle sobre os caminhos do seu destino. Clara, pensei que também tivesse; já não estou tão segura disso. E Inácio, não há novidade. É o que sempre julguei que seria. Não o tratamos diferente, cobramos que tivesse uma postura, nunca conseguiu ter.

— Mãe, fique calma, as coisas se ajeitam, pois tem que ter um motivo para acontecer.

Fazendo uma massa, ela me olhou longamente, depois me perguntou:

— Quantos anos será que você tem, Carlos?

— Não sei, mãe.

Eu sabia que ela não se referia a minha idade cronológica, e sim de existência, e nem percebia isto com clareza.

Saí da cozinha ainda ouvindo a discussão dos dois, aos gritos. Fui para a baia, conversei um pouco com um ou outro e com Jorge. Tive vontade de ir até a casa dele conversar com Lígia, mas tive certeza de que seria indelicado.

Somente quando já era fim de tarde voltei para casa. Magdala estava preguiçosamente sentada na varanda. Passei por ela mal cumprimentando-a. Mas, imediatamente, voltei, sentei-me a poucos passos de distância dela, e perguntei:

— Magdala, diga-me: O que espera para sua vida?

Ela sorriu dizendo:

— Viver. Viver muito bem.

— E o que é viver muito bem para você?

Ela olhou-me, como que espantada. Pensou um pouco, e respondeu-me:

— Sei lá! Viver aqui.

— Manter isto aqui dá trabalho, de sol a sol. Não vem de graça, tanto que temos mais de sessenta empregados trabalhando diretamente e diariamente. Sem contar eu, minha mãe e Amélia.

— Nossa! Não parece dar tanto trabalho.

— Mas dá! Muito mais do que parece.

Levantei-me e saí. Incomodava-me vê-los sem fazer nada o dia todo. Será que o tédio só batia em mim?

Mal entrei no escritório e Inácio apareceu para pedir dinheiro, como se fosse criança pedindo ao pai o dinheiro de um lanche.

Eu o olhei bem nos olhos, e disse-lhe:

— Só quando sair o formal de partilha.

— O que é isso? Quero um adiantamento?

— Então, vai ter que assinar uma promissória; será como um empréstimo.

Ele sorriu debochando:

— Eu assino, burocrata estúpido!

Não respondi ao insulto, não ia levar a nada. Rapidamente preenchi uma promissória. Sem ler, ele a assinou, estava ansioso pelo dinheiro. Eu dei-lhe a quantia pedida, nem mais, nem menos. Ele saiu feliz e eu guardei a promissória no cofre. Se pensava que eu não ia descontar, estava muito enganado. Pois eu já avaliara bem a situação, e sustentá-lo em nada estava ajudando o seu crescimento. Jurei a mim mesmo que gastando ele a parte que lhe cabia, eu não ajudaria. Se o fizesse, sem dúvida estimularia seu mal caráter; ele não era o caso de alguém necessitado.

Mas a surpresa maior foi Clara, começou a querer uma cópia do balanço da fazenda, que era trimestral, e fazia questão de querer a parte que lhe cabia, depositada em sua conta imediatamente. Diminuindo em muito o reinvestimento que costumávamos fazer.

Temi reinvestir minha parte e a de mamãe, pois quando o formal de partilha estivesse pronto, duvido que se lembrariam que a nós caberia uma parte maior.

Era legalmente direito deles, mas será que não existia nenhuma consideração? E a mim, que trabalho para que a fazenda rendesse, não caberia que me pagassem um salário?

Sim, caberia, mas eu julgava imoral, éramos uma família, e eu ainda cuidava de tudo.

Resultado: Quando saiu o formal de partilha tivemos que colocar a fazenda à venda. Inácio queria em dinheiro a parte que lhe cabia e Clara também quis a dela. A lei dava este direito.

Eu não tinha como comprar a parte deles. Não houve apelo, mesmo o mais lógico, afirmando-lhes que mantendo a propriedade sempre teriam uma renda garantida.

Com o país em recessão, o preço foi abaixo do que realmente valia. E entre lástimas, lágrimas de minha mãe e grande decepção minha, vendemos a fazenda.

Imediatamente comprei uma outra propriedade bem menor para mim, levando minha mãe para morar comigo. Não permiti que ela colocasse dinheiro dela, pois, quando se fosse, eu iria ter novamente problemas com meus irmãos.

Investindo em gado, mantive Jorge comigo e todos os empregados que pude. Famílias que trabalhavam na fazenda desde seus avós, assim como os meus; mesmo eu não precisando tanto de todos eles.

Dias depois eu soube que Clara, o marido e a filha tinham ido fazer uma turnê pelo mundo. Fiquei preocupado, assim como nossa mãe. Perguntamo-nos: Como estaria realmente a situação financeira de Fernando e dela?

Inácio, sumiu com a tal de Magdala, que não escondia sua felicidade por estar ao lado de um homem que estava com a conta bancária bem recheada.

Minha mãe investiu o dinheiro dela em gado, que ficaria em engorda na minha propriedade, mas era como se fosse nosso. Ela vivia comigo, e mesmo que estivesse sem nada eu nunca a abandonaria.

***

Quatro anos se passaram. Clara nunca tinha ido me visitar, às vezes falávamos por telefone, e mais amiúde ela falava com nossa mãe.

Inácio, não tínhamos idéia de onde estava ou sequer se estava com a mesma mulher.

Eu me sentia em paz. Havia sido justo, não ficara com nada de ninguém, e se minha propriedade crescia, era graças ao meu trabalho e das famílias que eu havia levado.

Sempre que vendíamos gado, eu, religiosamente, dava a parte de minha mãe, mas ela sempre reinvestia, tirando apenas para uma ou outra coisa, que pouco fazia diferença no montante.

Foi por essa época que eu soube, por minha mãe, que Clara estava se divorciando. Eu quis saber o motivo e minha mãe alegou não estar sabendo. Bem que perguntara, mas não conseguira entender. Clara escondia, divagando a respeito.

Nem quinze dias depois de avisar-nos que ia se divorciar, Clara pediu para passar uns dias conosco, trazendo a filha. Nossa mãe ficou tão feliz, que eu fiquei grato a Clara por aparecer depois de tanto tempo.

Eu mesmo fui buscar Clara e a filha no aeroporto, de jipe. A menina estava muito crescida e eu mal a reconheci. Perguntei a minha irmã, durante o caminho, o que havia ocorrido entre ela e o marido. Ela foi vaga, me dizendo apenas que tinha se cansado do casamento.

Tive vontade de perguntar-lhe o que tinha feito de sua parte na herança. Não o fiz, acreditei não ter este direito, não havia mais muita intimidade conosco.

Chegamos à fazenda, ela e nossa mãe ficaram abraçadas durante muito tempo. As duas choraram, me deixando também emocionado.

Depois dos primeiros momentos, Clara perambulou pela minha casa, observando indiscretamente tudo, e dizendo:

— Quem parte e reparte fica com a maior parte.

— Eu não fui dar volta ao mundo. Fiquei trabalhando. E vocês todos tiveram a chance de analisar os balanços. Cada um apareceu com um advogado mais esperto do que o outro. Fizeram o que quiseram fazer; eu reinvesti, e este é o resultado.

Ela sorriu, ironicamente, com os olhos ainda vermelhos por ter chorado. Nossa mãe a olhava estranhando, e comentou:

— Carlos foi o único que teve juízo, em um país em recessão não se gasta dinheiro à toa.

— Onde vamos ficar? Perguntou ela ignorando o que nossa mãe havia dito.

Sorrindo minha mãe a levou até o quarto que havia sido preparado. Claro que minha casa não era tão grande quanto a da fazenda herdada de meus avós. Tinha apenas três quartos na casa.

Olhando-as irem pelo corredor, vi que Clara continuava olhando tudo tão atentamente, como se procurasse um ponto para investigar. Legalmente não podia fazer nada, pois haviam assinado tudo na frente de um juiz e seus respectivos advogados.

Rapidamente lembrei-me de que ela falara-me que o seu salário não cobria, sequer, o condomínio de onde morava. Será que ainda estava lá? Eu não sabia.

Saí para meus afazeres e quando voltei para o jantar, ela estava ajudando minha mãe e Amélia. A menina brincava na frente da casa. Devia estar com pouco mais de oito anos.

Cheguei perto dela e comecei a conversar, perguntei à menina se moravam no mesmo endereço. E ela, inocentemente, me disse a verdade.

Estavam morando em um bairro bem afastado, ela tinha ido parar em uma escola estadual. Os pais tinham passado a brigar muito, e tinham, também, brigado com a família dele; o pai de Fernando o expulsara dos negócios.

— E por que seu avô o tirou do trabalho nas lojas?

— Não sei. Ouvi minha mãe dizer ao telefone que era bem-feito.

— E isto foi antes ou depois de se separarem?

— Não me lembro. Eles já brigavam muito antes.

— E você se lembra da viagem que fizeram ao redor do mundo?

A garota sorriu, comentando:

— Eu ficava cansada de ir de lá para cá. Era muito pequena. Mas sei que foi depois disso que começaram as brigas.

— Vamos entrar, o jantar já está pronto.

Dei-lhe a mão, e surgiu-me mais uma pergunta:

— Sua mãe ainda está trabalhando?

— Não sei. Acho que sim.

Esta pergunta surgiu-me quando não consegui lembrar-me de Clara ter dito que estava de férias, ou que tinha data para voltar.

Pouco mais de sete horas da noite, e o jantar foi servido em um clima de desconfiança mútua, inclusive com algum desconforto de minha mãe; eu podia sentir.

Parecia que a alegria dela pela presença de Clara, sumira completamente. Eu olhei para o rosto de Clara, que se servia falando de sua viagem à volta do mundo, afirmando que tinha trazido muitas fotos para que víssemos.

Fotos, quatro anos atrasadas, pois tinham ido, voltado e sequer nos ligado, e somente depois de muitos recados de nossa mãe, ela tinha voltado a nos ligar.

Curiosamente, ela e Inácio se comportavam como se houvesse tido alguma briga conosco, e não ocorrera. De modo algum houvera algum tipo de discussão, ou coisa parecida. Embora eu tivesse deixado claro que vender a fazenda não era a melhor coisa a ser feita. E afirmar que tinha certeza de que iriam se arrepender, mas, sendo minha opinião minoria, e eles amparados pela lei, eu e minha mãe assináramos a venda sem acusações.

O que será que Clara estava sentindo, vergonha? O que viera fazer aqui? O que esperava de mim ou de nossa mãe? Tudo isso ainda passava-me pela cabeça, quando recolhi-me para dormir.

***

No outro dia, mal saíra o sol e Clara já estava de pé, como se me esperasse. Sorriu gentilmente dando-me bom dia, mas senti algo estranho, como se ela quisesse dizer-me algo e ensaiava o momento certo.

Sentei-me à mesa, chamando-a, afinal, a casa era minha. Ela sentou-se, começou a falar da saudade que sentia do tempo em que vivíamos na fazenda. Estranhei. Não era o que ela alardeava sentir, sempre reclamava do tédio, da falta de movimento que havia nas grandes capitais.

Amélia ainda era nossa empregada doméstica, servindo-nos, olhou-me significativamente. Tive certeza de que ela também percebera que Clara ia e vinha, mas queria chegar a um lugar.

Enquanto nos alimentávamos ela começou a perguntar sobre os negócios, fui direto:

— O que há, Clara? Sobrou algum dinheiro e você quer investir em alguma terra? Nunca é tarde demais.

— Não! Não é isso! Carlos, eu e o Fernando estamos passando por uma fase difícil. Ele foi demitido do emprego, está com dificuldades para encontrar outro. Brigamos muito, decidimos nos divorciar, como já lhes disse. Não estamos nem conseguindo pagar o condomínio. Pensei em vir morar aqui, com vocês, por uns tempos, colocando o apartamento à venda. Mas esta casa é tão pequena. Por que você e mamãe compraram algo tão pequeno?

— Primeiro, quero que você saiba, pois já devia estar sabendo, que não é minha e de mamãe. É somente minha. Todo o dinheiro que está aqui fui eu quem gastou.

Ela arregalou os olhos, com expressão de: não é possível! Continuei:

— Nesses quatro anos tenho feito o que mais gosto, trabalhar na terra. É claro que aqui não há o movimento e as badalações da cidade grande, mas eu não quero isso para mim. Quero plantar, criar gado e negociar com eles. Isto é o que eu chamo de paraíso para mim, de boa vida. Não suporto ociosidade.

— Eu nunca fui ociosa, sempre trabalhei! Meu salário é que não cobre todos nossos custos. Você pensa que a esta altura da vida eu vou conformar-me em morar em uma casinha classe média? O que dirão minhas amigas?

Eu sorri, finalmente estava entendendo:

— Então, você quer sair de seu apartamento porque não consegue mais cobrir os custos de morar lá, dizendo às suas amigas que vem passar dias na fazenda, meses, ou talvez anos, e assim sair por cima da carne seca?

— Dizendo assim até parece que eu sou supérflua!

— Minha cara, tenho certeza de que é!

— Por que está me agredindo? Sempre nos damos muito bem. Você é meu irmão e eu o amo.

— Clara, direto ao ponto, o que você quer?

— Vamos colocar nosso apartamento à venda, discretamente. Quero vir morar aqui com vocês até vendê-lo, é somente isso o que quero.

— E seu marido, onde ficará? Morando aqui ele não poderá trabalhar na cidade.

— O Fernando que se dane! Estamos nos separando e ele nem tem dinheiro para me dar uma pensão.

— Então é isso! Vendemos a fazenda porque vocês queriam o dinheiro. Gastam dando uma volta ao mundo. Voltam sem tostão, e eu tenho que repartir o que consegui? Logo eu que fui contra a venda, que não gastei a minha parte, terei que pagar pelo erro de vocês? Tenho certeza de que mais cedo, ou mais tarde, Inácio aparecerá por esta porta também. Sem dinheiro algum, e pronto para dividir os louros de meu trabalho.

— Carlos, por que está sendo tão cruel? Ouvi ruídos vindo da porta da sala. Olhei, e era minha mãe.

— Ser objetivo é ser cruel, mãe?

— Clara, a casa não é minha, é totalmente dele. Tenho algumas cabeças de gado, que vivem nos pastos daqui. Mas tenho certeza de que lhe dar dinheiro para se sustentar não vai ajudá-la. Pense bem o que quer fazer. Desculpe, mas já tinha deduzido o que a trouxe aqui; afirmou minha mãe sentando-se à mesa.

Os olhos de Clara se encheram de lágrimas. Começou a reclamar do marido, de sua incompetência, do imprevisto, do desemprego, etc.

Acabei de me alimentar e saí para meus afazeres, pensando se era justo eu perder minha paz em função dos erros dela? Até onde eu tinha obrigação de ajudar? Pois sabíamos que Inácio, a qualquer momento apareceria, viciado ou muito doente. Às vezes eu até planejava bater a porta na cara dele, mas sabia que não faria. Pois meu carinho por ele comandaria, e minha raiva pelo comportamento dele se extinguiria. Era questão de eu mesmo me conhecer.

Quando voltei pela hora do almoço, nossa mãe já tinha tomado a decisão por mim, tinha se decidido pelo instinto de mãe.

Clara me pareceu feliz, mesmo sabendo que eu, de certa forma, não a desejava ali.

***

Os dias passavam, e percebi que ela e o marido se falavam muitas vezes durante o dia. Telefonemas que ela preferia atender no gabinete, e se eu lá estava, me pedia para sair.

Eu sentia algo de errado. Não me parecia que estavam se separando, pois ela não falava mais sobre a separação. Observei isto à nossa mãe, e ela me afirmou que devia ser um assunto dolorido demais. Ou talvez a crise que os levara a pensar no divórcio já tinha passado.

Não era o que eu sentia. Clara parecia tranqüila, como se estivesse realizando um sonho. Não fazia nada o dia todo e, quando muito, brincava com a filha.

Eram férias de escola, mas a criança teria que ir para a escola no ano seguinte, por isso falei à Clara:

— Clara, se vai ficar aqui por meses, é melhor matricular sua filha em alguma escola daqui.

— Minha filha nestas escolas chinfrins! Observou ela indignada.

Eu olhei-a espantado, e gritei:

— Vai me dizer que você ficará aqui, e sua filha no maldito Rio de Janeiro!

Instantaneamente Clara sorriu.

— Desculpe, estamos de férias e quando chegam as férias eu esqueço que existe escola. Faço isto desde criança. Claro! Vou pensar no assunto. Não se preocupe com Natália, eu a matriculo. É minha filha, cuido dela.

Carlos, a propósito, você está namorando, noivo ou pretende se casar?

— Claro que sim, e os três.

— Como assim?

— Problema meu, irmãzinha.

Eu não respondera, mas sabia que ela teria aquela informação com nossa mãe. Eu sempre gostara de Clara, mas ela não parecia a mesma, algo nela me incomodava terrivelmente. A presença dela me soava dissimulada. Eu quis ir ao Rio de Janeiro saber o que acontecia. O que era verdade, e o que era mentira.

Por isso, na semana seguinte avisei que precisava viajar. Clara queria ir comigo, afirmou estar precisando fazer compras e queria ficar no mesmo hotel que eu ficaria. Perguntei-lhe diretamente:

— Vai ter dinheiro para pagar?

— Vou estar com você, Carlos.

— Mas é independente, não pense que indo comigo me sinto na obrigação de custeá-la, até porque quer fazer compras sem necessidade, e não será com meu dinheiro.

— Mamãe! - gritou ela. — Carlos está impossível.

— Clara, coloque na sua cabeça que ele não tem obrigações com você - ralhou nossa mãe. — E outra coisa, precisa de quê? Nada lhe falta aqui.

— Estou acostumada a sempre ter coisas novas.

— Desacostume-se! Não é mais criança.

Ralhou novamente nossa mãe, saindo da sala. Clara ficou olhando-nos incrédula com o nosso: não.

Durante todo o jantar não falou nem comigo, nem com mamãe, apenas com a filha e Amélia, como se somente as duas existissem ali.

Olhei para minha mãe significativamente, e preocupei-me em deixá-la sozinha com Clara. Depois pensei melhor e avaliei, tínhamos tido boa educação e princípios, eu devia estar exagerando, ou talvez, não, Inácio era um fracasso como pessoa.

Olhei para Clara, o que emergira de sua personalidade? Será que teria coragem de fazer algo de mal a nossa mãe? Mas o que lucraria, algumas cabeças de gado? Dinheiro que logo acabaria, pois não era tanto assim?

Viajei indo para o Rio de Janeiro. Não me hospedei em hotel nenhum como tinha dito, fui para casa de amigos, mas sabia que se dissesse isto a Clara, ela teria grudado em mim, eu não queria.

Estava tão afastada das pessoas comuns de nossa infância, que sequer lembrava-se, embora soubesse, que Marcos, esposa e filhos moravam em bairro vizinho ao que ela até recentemente morava.

Não eram fazendeiros e nunca tinham sido. Eram filhos de trabalhadores da fazenda que tinham ido tentar a sorte na cidade grande. Conseguiram. Marcos tinha um bom emprego e uma vida de classe média, tranqüila.

Eu já os avisara que os visitaria, pois sempre falávamos por telefone ou nos visitávamos.

E, como esperava, fui recebido com carinho e alegria. Falamos sobre novidades minhas e deles, que já tinham dois filhos. Convidei-os para passarem férias em minha casa, como já fizera várias vezes, já que os pais não trabalhavam mais para mim.

Fui acomodado no quarto de um dos filhos, dando-me certo desconforto por tirar as crianças dali. Mas estava sendo tão bem recebido que creio, valeu. A eles, eu também afirmei que tinha ido a negócios.

E, durante o jantar, Priscila, esposa de Marcos, comentou:

— Carlos, eu soube que Clara está se divorciando.

— Como soube?

— Saiu no jornal, o escândalo.

Vendo minha expressão de espanto e curiosidade, ela ficou embaraçada, olhou para o marido, como a pedir desculpas e calou-se. Pedi:

— Conte, por favor. Clara está lá na fazenda, contou que esta divorciando-se do marido, que ele está desempregado, mas falam-se quase que diariamente. É somente o que sabemos.

A mulher ainda insegura se devia ou não falar, disse-me temerosa:

— Sua irmã estava tendo um caso com o marido de uma cunhada dela. Um tal de Cláudio Gaspar. O Fernando descobriu, quase se mataram.

Eu me senti gelar, era o cúmulo da falta de respeito com a família, ter um caso com o marido da cunhada. Onde Clara havia enterrado seu caráter? Enquanto Priscila contava maiores detalhes, tive certeza de que aqueles telefonemas que Clara atendia, ou fazia, dizendo ser de Fernando, não eram, deviam ser do tal.

— Ouvi falar, por conhecidos comuns, que parecia fazer alguns anos, uns três que vinham tendo este romance.

— E Fernando nem desconfiou ou mesmo a irmã dele?

— O Fernando não. Mas foi a irmã quem descobriu. Percebeu que o marido estava diferente, cada dia mais e mais afastado. Ela soube que ele faltava muitas tardes no trabalho, chegava em casa dizendo que estivera trabalhando. A irmã do Fernando seguiu o marido, e viu os dois. Pegou-os no flagrante, e quase morreu de susto ao saber que a amante de seu marido era a própria cunhada.

— Eles se separaram?

— Não sei. O Fernando, que já não estava em situação boa com a família, arranjou uma confusão. Você sabia que ele já não trabalha mais para o pai?

Marcos olhou-a reprovando. Eu queria saber mais e tinha chegado ao lugar certo.

— Por favor, eu preciso saber tudo o que sabe. Minha irmã está aboletada em minha casa, pousando de vítima. Não é mais a pessoa que conheci, não sei seu caráter agora.

— Ela não pode ter mudado tanto. O que houve são tropeços da vida. Estas coisas acontecem. E a paixão vai saber se é marido da cunhada, ou apenas um estranho? Comentou Marcos, querendo diminuir a gravidade, ou acreditando mesmo.

— O que mais sabe? - tornei a perguntar.

— Apenas isso. Que a família do marido não a quer ver nem pintada.

— O Fernando ainda está morando no mesmo apartamento de antes?

— Não! Faz anos que não moram mais lá. Mal sei onde moram atualmente.

Mudamos de assunto, mas eu resolvi procurar meu cunhado. Tinha o telefone do escritório do pai dele na minha carteira, e por intermédio do pai eu o encontraria.

Liguei para o pai dele no dia seguinte. Cumprimentei-o me identificando. O velho foi logo gritando aos meus ouvidos quando perguntei pelo filho:

— Que filho! Ele abandonou os negócios da família. E sabe mais, merece a esposa que tem, sua irmã, a tal Clara, ela tornou-se amante do marido de minha filha. Ele arrependeu-se e Dorotéia resolveu perdoá-lo. Que homens tenham casos fora do casamento, discretamente, eu até entendo. Mas com a própria cunhada? É pecado escabroso, falta de vergonha e respeito! É bem feito para o Fernando; quem faz aqui paga aqui mesmo. E o castigo dele veio rapidinho. Quem mandou abandonar os negócios da família dizendo que queria liberdade?

— Senhor, se sabe onde ele está morando preciso falar com ele.

— Eu não sei e nem quero saber. Ligue para minha esposa, talvez ela saiba, mãe sempre perdoa tudo!

De má vontade ele me deu o telefone da casa dele. Liguei para lá, e realmente a mãe de Fernando tinha o endereço e disse-me até a hora em que o filho estaria em casa. Ela não fez qualquer comentário sobre Clara, mesmo sabendo que eu era seu irmão. O que foi bom para mim, evitou-me constrangimentos.

Sem avisar, me dirigi à casa de Fernando, pegando um táxi. Era dia útil de semana, e à noite, provavelmente ele estaria em casa. Assim que cheguei percebi que era um bairro classe alta. O táxi parou em frente ao prédio, paguei e desci conferindo o endereço.

Estava claro para mim que um desempregado nunca moraria ali, e que ele estivesse trabalhando de porteiro era difícil de acreditar, afinal, era um homem de boa formação universitária, não lhe faltariam opções, mesmo que tardias por causa da crise que passava o país.

Identifiquei-me ao porteiro, que ligou para o apartamento pedindo autorização para que eu subisse. Vi que o homem ficou olhando-me enquanto falava ao interfone. Finalmente abriu o portão para mim, dizendo o número do apartamento; dado que eu já tinha.

Peguei o elevador e comecei a subir, cada vez mais intrigado com todo aquele luxo. Se o Fernando não estava mais trabalhando nas lojas da família, o que estaria fazendo? Será que Clara sabia? Acreditei que não. O que era verdade e o que era mentira no meio daquilo tudo?

A porta do elevador se abriu, fui em direção à porta do apartamento. Assim que cheguei em frente vi que ela estava aberta, mesmo assim bati e ouvi uma voz lá dentro gritando para mim:

— Entre, e sente-se, Carlos! Já estou indo. Não esperava visitas, devia ter telefonado-me.

— Resolvi de repente. Clara está em minha casa, na fazenda.

— Gosto muito de você. Mas não me fale dela. Você já sabe o que aconteceu?

— Para falar a verdade, não. Ela está lá comigo, disse-me que você estava desempregado. Mas pelo que vejo não está. Se ela for ficar comigo para sempre, Natália terá que ser matriculada em uma escola rural. Isto precisa ser decidido.

Ele apareceu na sala, vindo não sei de onde, andou em minha direção, e nos demos às mãos em cumprimento. Ele sentou-se desabando no sofá. Olhou-me longamente como quem pergunta: O que você está fazendo aqui? Fiz cara de inocente.

— Carlos, tenho certeza de que você e sua mãe sabem o que realmente ocorreu. É verdade, não estou mais trabalhando com minha família, mas de forma alguma desempregado. Estou trabalhando de auditor na Receita Federal, ganho um bom dinheiro. Quando decidi sair da administração das lojas era porque não agüentava mais meu pai, que sempre dizia que aquilo era trabalho dele e de meu avô, como se tudo que fazíamos fosse inútil. O que não é verdade. No tempo deles o mercado não era tão agressivo. O país não estava em recessão, mas creio que isto não lhe interessa.

Você sabe que Clara e eu estamos brigando pela guarda de Natália? De forma alguma eu quero que minha filha tenha uma formação em escola caipira. Desculpe, não quero ofender. Se veio cobrar a pensão da criança, saiba que eu a tenho depositado, mas longe do alcance de sua irmã. Se quer ver os recibos, eu os tenho comigo.

Pareceu-me que ele falava a verdade, perguntei:

— Fernando, sei que não me pediram para se casarem, mas eu queria muito saber o porquê da separação?

Ele se levantou da poltrona onde estava confortavelmente sentado. Andou um pouco pela sala, e olhando pela janela, de costas para mim, disse com certa amargura:

— Sua irmã tinha um amante, e o pior de tudo, meu cunhado. Você tem idéia do que isto fez à minha família? Meu pai crê que, quando uma mulher tem um amante é porque o marido é frouxo. Não sei quem mais compartilha dessa idéia, pois todos de minha família crêem que eu também sou culpado. Não percebem que eu sou uma grande vítima. Não entendem o que eu sinto. Foi absurdo o que aconteceu. E pior, fazia três anos que eram amantes, minha irmã os pegou no flagrante. Não deu nem para eles negarem. Clara que não se atreva a me pedir qualquer pensão, ou colocar a mão na pensão de Natália, eu trarei a menina para viver comigo. Uma mãe dessa não serve.

— Ela apareceu dizendo que você estava desempregado e em situação difícil. Disse-me que não estavam conseguindo pagar o condomínio do apartamento, e que o tinham colocado à venda, discretamente.

— Depois que eu soube, entrei no apartamento, tirei tudo meu de lá e disse a ela que se virasse, que de mim não teria um tostão. Só não levei Natália na hora comigo, porque a menina agarrou-se à mãe e eu não queria tratá-la com brutalidade. Natália não tem culpa, nem eu, mas minha família não pensa assim. Foi sorte eu já não estar trabalhando com meu pai, porque seria demitido sem ele pensar duas vezes.

— Lastimo o que aconteceu, muito mesmo.

Ele voltou a sentar-se, ficamos em silêncio por alguns segundos, tentei sentir nele mais alguma coisa do que a vergonha que sentia, e que estava clara para mim. E senti, muita raiva, amor próprio ferido, frustração. Tive certeza de que havia sido um escândalo de grande repercussão. Depois ele disse-me:

— Carlos, se veio aqui me pedir dinheiro para cuidar de minha filha enquanto não obtenho a guarda, eu lhe dou. Mas não dê nenhum tostão a Clara.

— Não vim pedir dinheiro algum, nem para Natália ou Clara, para falar a verdade queria saber exatamente o que está acontecendo. Eu estava sentindo a mentira no ar. Lastimo o que minha irmã fez.

— Graças a Deus o marido de minha irmã, Cláudio, não sei se você conhece, acabou tudo. Voltou para Dorotéia e estão tentando reconstruir a vida deles. Cláudio é um homem trabalhador, está agüentando firme as acusações e repercussões. Mas o que posso dizer dele? Ele é homem e minha mulher foi uma fácil.

Eu não concordava com ele, haviam errado os dois, e tinham a mesma porção de culpa, mas ali pouco interessava minha opinião.

Será que o Fernando não tinha falhado de alguma forma como marido? Mas Clara e o tal tinham errado feio, isto eu tinha certeza.

Mal conversamos sobre mais algumas coisas banais, e eu saí. Fui para a casa de Marcos.

No dia seguinte nos despedimos, com promessas de que iriam passar férias na minha propriedade.

Durante todo o caminho, indo de ônibus, pois eu não tinha mais dinheiro para ir de avião particular, eu ia decidindo: que postura tomar? O que narraria à nossa mãe? E o que eu faria dali em diante?

Clara mentira, e continuava mentindo. Aliás, o tal Cláudio ainda estava mentindo, jurava aos outros estar querendo reconstruir a família e, no entanto, continuava falando quase que diariamente com Clara, fingindo ser o Fernando. Mas eu tinha certeza também que não estavam se encontrando. Será que estavam armando algum golpe? Qual seria? Se ele não pretendia abandonar Clara, por que fingia querer reatar com a esposa e a família?

Cheguei em casa cansado. Tinham ido me buscar de jipe na rodoviária, e eu lembrei-me com saudade de nossa fazenda com pista de pouso. Lembrei também da frase: Herança dividida, herdeiros mais pobres.

Embora quase meia-noite, minha mãe me esperava acordada. Assim que abri a porta ela olhou-me longamente, de forma estranha. Perguntei, preocupado:

— O que foi, mãe?

— Estou curiosa para saber que novidades me trouxe.

— Agora não. Estou cansado, quero um banho e cama.

— Não está com fome?

— Não. Jantei bem na estrada.

— Carlos, se não me contar, não durmo de preocupação; meu coração de mãe me diz que há algo de muito errado, faça uma síntese.

— Mãe, não se desgaste tanto?

— Carlos, se acredita que eu não sei que minha filha atende telefonemas de um homem que não é o marido dela, julga que eu sou estúpida.

— Por que diz isto?

— Simples, se eu atendo ele não me cumprimenta com a intimidade que o Fernando faria naturalmente; desconfiei desde a primeira vez que atendi. Não reconheço a voz e toda vez que esse homem liga, parece apreensivo.

Eu me sentei no sofá; meus ossos doíam e eu queria uma cama. Resumidamente narrei à minha mãe. Ela suspirou profundamente, me dizendo:

— Vá dormir, sei que está exausto.

— É somente isto o que vai me dizer?

— Hoje é. Preciso pensar, não sabia que era tão grave. Como acusar Fernando de qualquer coisa ou mesmo Clara?

— Mãe, ela veio aqui mentindo, mesmo precisando de nossa ajuda. Traiu o Fernando com o marido da cunhada dela.

— E daí? Ele continua apenas um homem, e ela apenas uma mulher!

E dizendo isto minha mãe saiu em direção ao quarto dela. Continuei sentado no sofá, sem coragem de levantar-me. Logo depois ela voltou-se, e disse-me:

— A propósito, sua irmã foi viajar no dia seguinte ao que você saiu. Deixou Natália e muitas roupas, sinal de que vai voltar.

— Foi encontrar-se com o tal! - concluí.

— Agora não tenho dúvidas.

E dizendo isto ela virou as costas, voltando ao caminho que estava fazendo. Fui em direção ao banheiro e tomei um longo banho. Eu só queria a vida que eu tinha, muito trabalho e muita paz.

Depois do banho, vesti uma roupa de dormir e joguei-me na cama, dormindo profundamente.

***

No dia seguinte só acordei por volta das nove horas, mas em compensação estava totalmente descansado. Minha mãe já estava entregue aos seus afazeres, e Natália ao ver-me correu para abraçar-me. Cobrou-me um presente, tive que desculpar-me, sequer tinha passado pela cabeça, trazer-lhe algo.

Ela sorriu me avisando que da próxima vez que eu fosse viajar teria que trazer-lhe dois. Coisas de criança, pensei.

Conversando com ela, enquanto eu alimentava-me, percebi que ela não desconfiava do escândalo que acontecia à sua volta, melhor assim.

Clara só apareceu quase dez dias depois de ter viajado. Tive certeza de que às minhas costas tinha pedido dinheiro para nossa mãe, e esta dado-lhe. Não devia, eu iria dizer à minha mãe para não fazer mais isto.

Chegou muito bronzeada, com os olhos brilhantes e nitidamente feliz. Abraçou a filha com alarde, dizendo-lhe que tinha estado com o pai dela, e que este mandava-lhe muitos beijos e abraços.

Eu olhei-a, censurando-a por mentir, tão descaradamente, para a filha. Depois Clara chegou perto de mim, pedindo para a filha ir brincar do lado de fora. Perguntei-lhe:

— Onde esteve e com quem?

— Com meu marido.

Falei impaciente:

— Clara, não minta. Estive com o Fernando, ele sequer pode pensar em você. Sei que é amante do cunhado dele, um tal de Cláudio, que jura querer reconciliar-se com a família.

Ela ficou vermelha, e gritou iradíssima:

— Você não tem nada que se meter em minha vida! Sou maior e vacinada.

— Mas vive em minha casa, às minhas custas, e não é muito cretino de sua parte mentir assim, descaradamente? Pensa que vivemos aqui, à parte do mundo, e as notícias de lá de fora não chegam? Está errada. Olhe! Temos televisão, telefone e estradas. Eu e sua mãe não somos caipiras desinformados, sabia que também lemos jornais? Desça dessa arrogância, reconheça o erro e pare agora!

— Eu e ele nos amamos, que culpa temos se somos cunhados? Aconteceu!

— Aconteceu uma ova! Vocês cultivaram isto, pensa que eu não sei? Um relacionamento se cultiva, e vocês não tiveram o mínimo de censura, não pensaram, nem por um segundo, o tanto que iriam afetar as famílias a que pertenciam. Você pensou o quê? Que era uma jovenzinha de colégio tendo um casinho?

— Carlos, não fale do que não sabe! Foi maior do que nós, desde a primeira vez que eu o vi senti um impacto muito forte. Mas ele estava ficando noivo. Você sabe como é a família do Fernando, sempre presa às tradições. Lembra-se de meu noivado? Parecia mais um casamento. Mais de duzentos convidados; como voltar atrás depois?

— Lembro-me muito bem, e você desfilando com muita alegria com tanta badalação. Lembro-me ainda que foi você quem escolheu o salão, e fez questão que fosse no Rio, em um dos lugares mais badalados.

— Na fazenda de nossos pais ninguém iria.

— Então, por que diz que são eles os presos às tradições? O que lhe prendeu?

— Eu pensei que amava o Fernando, e que fosse para sempre. Mas o dia em que fui ao noivado de Dorotéia e conheci Cláudio, perdi o fôlego. Naquele momento percebi que tinha me casado com o homem errado.

— Então, você nunca tinha amado o Fernando; por que se casou? Porque ele era bonitão! Cobiçado por outras mulheres! Eu não consigo entender, juro que não consigo!

Ela jogou-se no sofá e começou a chorar. Eu queria bater nela; como se isso adiantasse alguma coisa, pois sentia-me escandalizado pelo que tinha acontecido, e ela ainda estar encontrando-se com o tal. E ele, fingindo a todos, estar reconciliando-se com a família. Mentirosos, cínicos, eram as únicas coisas que eu podia pensar daqueles dois.

— Aconteceu! Foi maior do que nós. Depois que eu o vi pela primeira vez, naquela noite do noivado, cheguei em casa e fiquei olhando para o telefone, tendo a certeza de que ele ligaria para mim. Não ligou. Comecei a evitar comparecer aos almoços e jantares que minha sogra organizava para a família. Mas havia datas que eu não conseguia escapar. Sabe quantas dores de cabeças eu aleguei ter, e meu marido ir sozinho com nossa filha? Eu ficava andando pelo apartamento, querendo ir e sabendo que tinha que ficar.

No dia do casamento deles eu chorei, como se meu próprio marido estivesse se casando com outra. Tive que ficar no altar, como madrinha, e quando eu o olhava, trocávamos olhares de pesar. Carlos, você não tem idéia de tudo que fizemos para nos afastar.

— Por que chegou aqui mentindo sobre tudo? Eu me senti traído, sabia?

— Desculpe. Mas estava sem dinheiro e como conseguir uma pensão? Se for aos tribunais, perderei. Já fui a dois advogados perguntar sobre isso. Detalhe, ele a família perdoou, a mim não. Fui execrada somente porque sou mulher, mas cometemos o mesmo erro. A mim não foi dada segunda chance.

— Percebo que nem ele merece. Clara, por que ainda se falam e se encontram?

— Não resistimos.

— Por que ele não a assume de vez, se jura amá-la tanto?

— Meu sogro não quer. Se ele largar a família não encontrará emprego em parte alguma deste país. Você sabe o quanto meu sogro é influente.

— Isto é exagero. Este Cláudio talvez goste desse jogo; bom emprego na família da esposa e uma amante boba, que pensa viver um amor de romance, onde tudo vale para ter um final feliz! Iludida!

Ela continuou chorando e eu saí. Não entendia aquela situação novelesca. Eu tinha certeza de que, apesar das muitas mentiras, Clara estava sofrendo. Mas ele ligava para ela quase que diariamente, logo descobririam. E como o tal de Cláudio tinha dado um jeito de ficarem juntos por dez dias?

Talvez tivesse viajado a negócios e a levado. Quando pensei nisto um alarme soou dentro de mim. O sogro de minha irmã não era um homem nada idiota, ao contrário, era astucioso. Passou-me pela cabeça que aquela oportunidade de viajarem juntos tinha sido armada.

Eu estava indo aos pastos; voltei imediatamente para casa, procurando por Clara. Amélia me avisou que ela tinha recolhido-se ao quarto. Fui até lá e bati na porta, pedindo para entrar.

Ela permitiu, assim que entrei, disse-lhe:

— Clara, há quanto tempo se casou? Nove, dez anos?

— Quase dez.

— Como pode cair em uma armadilha conhecendo seu sogro tão bem?

Ela arregalou os olhos:

— Que armadilha? Do que você está falando?

— Se eu conheço seu sogro, mesmo que superficialmente, sei que ele nunca tiraria Cláudio de perto da família com esse fato tão recente. Se eu tivesse o perfil dele, defendendo uma filha, meu genro jamais viajaria. Tenho certeza de que seu sogro está monitorando esse Cláudio.

— Não! Isto é coisa de filme de James Bond! Meu sogro é um homem muito ocupado.

— É realidade, Clara. Como você crê que ficou Dorotéia enquanto o marido estava fora, sabendo que ele tivera uma amante fixa por três anos?

— Se fosse eu, estaria desesperada. Eu sei que ela o ama e muito, tanto que o perdoou.

— Vocês caíram em uma armadilha, tenho certeza absoluta. Algo dentro de mim soou este alarme.

— Talvez seja bom para nós dois se vier a separação dele. Ele virá para mim.

— Isto não acontecerá assim. Não tão facilmente. Creio que ele não a ama o suficiente para renunciar à família. Estava muito cômodo do jeito que estava; ele tinha a família, o emprego que o sogro lhe dava, e você.

— Havia uma vergonha entre nós pelo fato de sermos cunhados. Mas, quando estávamos juntos, esquecíamos. Não! Você está errado. Deve ter sido algo urgente e importante, por isso o mandaram.

Eu saí do quarto dela, tive certeza de que eu estava certo. Saí de dentro da casa e sentei-me um pouco na varanda, incomodado, podia quase adivinhar tudo o que ocorria no Rio de Janeiro.

***

No dia seguinte, logo pela manhã, minha irmã recebeu um telefonema de um advogado, pedindo que ela fosse encontrá-lo para fazerem acertos referentes ao divórcio.

Assim que nossa mãe comentou comigo que Clara viajaria no dia seguinte, eu lhe afirmei que iria junto. Mamãe me disse:

— Não precisa, já pedi que a levem à rodoviária. Dei-lhe dinheiro para ficar em um hotel por pelo menos dois dias. Estes casos a gente nunca sabe se resolve no mesmo dia.

— Mãe, eu vou junto. Quero ir. Onde está Clara?

— Por aí com Natália. Por que quer estar tão ao lado dela agora? Não foi você mesmo quem disse que ela está errada?

— E está. Devia ter evitado ser amante do marido da cunhada. Isto ainda é um absurdo! Mas não a quero indo sozinha para o Rio. Eu vou junto, sinto perigo no ar.

Minha mãe ficou me olhando como quem tenta entender uma frase desconexa.

Logo Clara entrou, afirmei-lhe que a acompanharia, ela gritou:

— Você quer é ter certeza de que eu não me encontrarei com Cláudio, não é? Quer me vigiar também! Se quer saber, se eu tiver chance vou encontrá-lo, sim. Pois nos amamos!

Irado, gritei de volta:

— E por que ele escolheu ficar com a família? Se pensa que eu acreditei naquela história de perseguição financeira, engahou-se. Se quer mentir para si mesma, minta! Mas eu insistirei que veja a verdade. A esposa dele é milionária, irmãzinha, e você está sem eira nem beira. Talvez se tivéssemos a fazenda ainda, ele não tivesse pensado duas vezes para ficar com você. Mas você e Inácio a quiseram vender; ficaram pobres, pois torraram o dinheiro; você dando volta ao mundo! Desfilando de princesa!

— Você é um frustrado que pensa que a vida se resume a esta terra aqui! Ao seu gado e plantação! Sem enxergar com clareza o mundo lá fora, seu mal-amado! Vou sozinha, não sou retardada mental. E se precisar contrato um advogado, tenho certeza de que minha mãe não me negará dinheiro!

— Aproveite e arranje um emprego por lá, eu não tenho obrigação de sustentá-la. Pois se não percebeu, está aqui vivendo às minhas custas, como um peso morto. Vá sozinha, então! Vá encontrar com seu amante em um motelzinho ordinário qualquer! Pois é a isto que se resume o amor dele a você. Inconseqüente!

Irado, com as ofensas dela a mim, calei a necessidade que eu sentia de acompanhá-la. Tive certeza de que era preocupação exagerada minha, talvez fosse realmente uma forma de vigiar para que ela não se encontrasse com o tal Cláudio. Eu tinha que reconhecer, também estava escandalizado com esse romance.

O que eu poderia fazer? Falar com ele? Não iria adiantar em nada, já que a pressão familiar não estava adiantando. Com certeza era apenas um aventureiro, e minha irmã, apenas mais uma amante. Talvez o risco de estar se relacionando com a própria cunhada o excitasse mais do que qualquer coisa. Talvez frustração por trabalhar com o sogro e ter sua vida, de certa forma, dirigida por ele, e este comportamento fosse uma vingança. Mil razões passavam pela minha cabeça.

Resumindo: Na hora do jantar eu ainda quis dizer a Clara que sentia necessidade de acompanhá-la. Não disse, ela não estava falando comigo desde a nossa briga à tarde.

Os problemas dela estavam me afetando muito e à nossa mãe também. Mas eu sentia um outro perigo no ar, tão palpável que para mim tinha cheiro e gosto.

Quando me recolhi, não conseguia dormir. Fui ao quarto de minha irmã e bati, identificando-me. Ela, sem abrir a porta, mandou eu me danar, fechando-se a qualquer diálogo. Voltei para meu quarto.

Já era tarde da noite quando consegui pegar no sono, tentando me consolar, de que ela tinha mais de trinta anos e devia saber dirigir sua vida, e se não sabia ainda, tinha passado da hora de aprender.

***

Acordei no outro dia já era quase oito horas da manhã, fiquei ainda longo tempo na cama, sentindo um cansaço enorme. Tive vontade de virar para o outro lado e dormir novamente. Não o fiz. Podia escutar Natália brincando, com as outras crianças, no pátio da frente.

Lembrei-me de mim mesmo e de meus irmãos, onde andaria Inácio? Será que já estaria pelas ruas largado, feito um bêbado qualquer?

Levantei-me, tomei um longo banho para espantar aquela sensação de cansaço; vesti-me e fui para a cozinha. A primeira coisa que fiz foi perguntar por Clara, Amélia me disse:

— Você está com cara de quem não dormiu a noite inteira.

— Estou preocupado com Clara. Eu queria tê-la acompanhado, mas ela crê que quero vigiá-la.

— Talvez queira mesmo. A vida é dela, não conseguimos nem dispor da nossa quando queremos, quanto mais da dos outros. Tome seu café que Jorge já veio procurá-lo.

E, dizendo isto, ela começou a colocar alimentos sobre a mesa. Pedi que parasse, tomei apenas uma xícara de café com açúcar, enquanto Amélia olhava-me, reprovando, por eu não comer mais nada.

Saí da casa para procurar Jorge, que devia estar no pasto, era época de vacinação. Passei por Natália que brincava de esconde-esconde com as outras crianças. Ela, com a cabeça voltada para um tronco, tinha os olhos fechados enquanto contava.

Involuntariamente pensei:

— Fujo com você, mas não deixo aquele bando ter sua guarda.

Meu estômago se contraiu. Que tipo de pessoa eu estava julgando que meu cunhado era? Era bom pai, tanto que Natália o amava e chorava de saudade dele. Clara sim, quando falava ao telefone falava com Fernando.

Tive certeza de que os problemas de minha irmã estavam afetando o meu bom senso. Eu a julgava culpada, pelo erro que cometera.

Dois dias se passavam, e Clara não tinha dado notícias. Não era de se estranhar, sempre fora assim, estando fora da fazenda, esquecia que existíamos.

Quando morava com o marido nunca nos ia visitar, costumava ligar para nossa mãe, e era mais ao contrário, nossa mãe ligava para ela. Apesar de saber de tudo isso eu estava inquieto, me cobrava pelo fato de não ter ido com ela, mesmo contra sua vontade.

Na noite do segundo dia, por volta das dez da noite, quando eu já estava no quarto, o telefone tocou, minha mãe atendeu, pois no seu quarto havia uma extensão.

Roguei que fosse Clara avisando que chegaria. Logo depois minha mãe bateu na porta do meu quarto, entrando em seguida, dizendo-me:

— Carlos, sua irmã deu entrada em um hospital. Parece que sofreu um acidente.

Pulei da cama pensando que uma pista de pouso fazia muita falta naquela hora.

— Mãe, vou para lá. Eu devia tê-la acompanhado. Bem que eu quis.

— Não precisava, me disseram que não é nada grave.

— Vou me vestir. Vou de jipe, agora mesmo.

— Não pode ir dirigindo sozinho.

— Vou pedir a Jorge para me acompanhar.

— Vou acordá-lo, então, deve estar dormindo. Eu também vou.

— Está bem! Mas faça uma mala rápido. Pegue algumas roupas para mim também.

Vesti-me rapidamente. Não era hora para sairmos da fazenda, mas eu tinha certeza de que não tinha sido um acidente simples como tinham dito à minha mãe. Sequer eu havia perguntado quem tinha ligado.

Somente quando já estávamos a caminho, eu soube que tinha sido o Fernando quem nos avisara.

Eram muitas horas de viagem, das quais mais de quatro por estradas de terra e muito ruins, principalmente à noite. Um risco grande que corríamos.

Mais uma vez eu lastimava o fato de termos vendido a fazenda anterior. Pois eu poderia ligar para o aeroporto mais próximo, e com conforto e menos risco, em três horas estaríamos no Rio, apesar do preço.

A cada parada eu ligava para casa, falava com Amélia e perguntava se tinham ligado para comunicar qualquer outra coisa, e nada. Pedi à Amélia que nada dissesse à Natália.

Finalmente, depois de muito pó e cansaço chegamos ao Rio, nos hospedamos em um hotelzinho perto do hospital, onde o Fernando comunicara que Clara estava.

Sem descansar, fomos direto para lá. Recebemos a notícia que minha irmã já havia falecido, tinha sido assaltada e a polícia acreditava que ela tinha reagido ao assalto, por isso levara um tiro.

Fernando estava lá, tinha os olhos vermelhos de quem tinha chorado muito. Ele falava conosco, e eu queria dar-lhe um soco na boca. Tive certeza de que ele, ou o pai, tinham mandado matar minha irmã.

Estando na frente de minha mãe, de Jorge, e outras pessoas, eu me calei. Mas o tratava com muita indiferença, dando indiretas de que eu sabia que o assalto não tinha sido verdadeiro.

Logo um advogado da família dele tomou a frente de tudo, e preparou o enterro. Agiam como se ela ainda fosse esposa dele, e o caso da separação escandalosa nunca houvesse existido.

Quando fui interrogado pela polícia falei claramente que minha irmã havia sido assassinada por algum mandante da família de meu cunhado, ou por ele mesmo. O delegado me olhava em dúvida, dizendo-me depois:

— Mas não há nada que indique isso. Tem idéia de quantos assaltos com mortes ocorrem nesta cidade a cada vinte e quatro horas?

— Senhor, já deve estar sabendo do escândalo que aconteceu. Minha irmã era um incomodo. Ela continuava encontrando-se com o cunhado.

— Isto não faz de nenhum deles assassino. E cunhado com cunhado, pai e enteada, nora com sogro já não escandalizam mais ninguém, esta cidade fede. Sorte sua que mora afastado, que tem sua fazenda e vida com tranqüilidade. Às vezes quero largar tudo isto aqui e criar galinhas. Minha nossa! Por que não faço isso?

Eu tinha certeza do que pensava. Somente no enterro conheci o tal de Cláudio, que trazia, agarrada a ele a esposa. Olhei-o e pensei: Desgraçado! Mil vezes desgraçado!

Não falei com ninguém da família de meu cunhado. O ódio navegava em cada célula minha.

Fernando logo após a cerimônia do enterro me procurou, pedindo-me para combinarmos um dia para ele ir buscar a filha.

Pedi-lhe que a deixasse conosco por mais alguns dias, já que ela nem estava sabendo da morte da mãe ainda. Ele concordou, despedindo-se de nós em seguida.

No dia seguinte ao enterro voltamos de jipe, apenas eu e Jorge, mandei minha mãe de avião, e pedi a alguém, da fazenda, que fosse buscá-la de carro no aeroporto. Pelo menos não seriam dezoito horas tão cansativas.

Na volta, estando sozinhos, Jorge e eu, disse-lhe o que pensava; tinha certeza de que minha irmã fora, comodamente, assassinada.

— Carlos, cuidado, julgar alguém assim é muito grave. Pressione a polícia se crê estar certo, mas não se vingue com as próprias mãos; assim não será em nada melhor do que quem o fez.

— Não vou fazer nada disso. Mas, assim que chegar, vou tirar minha sobrinha do Brasil. Eu não quero que seja cuidada por assassinos.

— Não vai conseguir. Duvido que sua irmã tenha trazido os passaportes, e precisará de vistos. O pai, sendo assassino ou não, nada sendo provado, terá a guarda da filha.

— Isto eu sei. Mas não terá, nem que eu tenha que dar uma reviravolta em minha vida.

— Carlos, não se precipite, agora não é hora de tomar decisões. Espere alguns dias; seus pensamentos precisam se tornar claros. Você está sobre o impacto da morte de sua irmã; o ódio é péssimo conselheiro.

— Foi ótimo para eles, já que ela e o tal de Cláudio não conseguiam se largar. Viu como a esposa dele estava agarrada ao braço dele? Não sei como ela não gargalhou enquanto o caixão de minha irmã era enterrado.

— Vou lhe pedir que tenha calma. Muita calma. Assaltos acontecem, ainda mais em cidades grandes. Você sabe que sua irmã gostava de andar como se fosse para uma festa.

— Mas ela viveu tanto tempo lá, sequer tinha sido furtada antes.

— Não faça nada precipitado. É o que lhe peço.

Mas o pensamento de sumir com minha sobrinha não me largava. Eu queria mandá-la para longe, mas eu também teria que ir e levar minha mãe. Do contrário, a tomariam de nós.

Assim que pisei na fazenda, soube que minha mãe, que chegara antes, já havia contado à Natália, que chorava muito. Amélia não facilitava nada, pois estava também entregue ao choro e às recordações. Eu não lastimava mais; precisava tomar decisões rápidas.

Levando minha mãe ao gabinete afirmei que sabia, que alguém da família de meu cunhado, ou todos os envolvidos naquele escândalo, haviam mandado assassinar Clara. E não era a eles que deveríamos entregar a educação de Natália.

Minha mãe se recusava a acreditar, mas acabou concordando comigo que a morte de Clara fora muito cômoda naquela situação.

Resumindo: decidimos sumir eu, ela e Natália. Mas tínhamos que fazer isto de modo coerente e bem planejado. Eu planejei.

Dois dias depois liguei para o Fernando, pedindo-lhe autorização para viajarmos com Natália. Ele me pediu para visitá-la antes. E claro, eu permiti, mas temia que ele a levasse.

Se isto acontecesse eu iria aos tribunais, acusando-o de assassinato. Se não fosse ele, que provasse o contrário.

Realmente, no fim de semana ele apareceu, ficou com a filha o dia todo, mas não arredou o pé da fazenda. Conversou longamente com minha mãe, enquanto eu me mantinha afastado, ocupado com as lidas da fazenda, sequer o vi ir embora.

Quando voltei para casa, minha mãe tinha certeza de que ele não tinha sido o mandante. Teimei com ela, afirmei novamente que Clara e o amante tinham caído em armadilha quando viajaram juntos.

De tanto argumentar, acabei influenciando minha mãe, que, mesmo insegura, concordou comigo. Ainda refutou dizendo que Fernando só não tinha levado a menina ainda porque sua mãe alegava ser muito ocupada e não ter tempo para a criança. Mas que ele estava procurando alguém de confiança para cuidar dela, enquanto isso, sentia que ela estava bem conosco.

Argumentei:

— Talvez esteja com remorso de olhar para a própria filha. É um cretino!

— Carlos, meu filho, e se estivermos errados?

— Mãe, eu sinto. Tenho certeza de que a polícia se quiser vai descobrir. Mas não se esqueça, eles são influentes.

Minha mãe começou a chorar; a dúvida lhe rondava as emoções, mas eu tinha certeza do que estava fazendo. Sequer me questionei por que Fernando estava confiando tanto em nós. E se eu tivesse me questionado, naquele momento, ia ter certeza de que ele pouco se importava com a filha.

***

Dois dias depois, deixando tudo nas mãos de Jorge, confiando plenamente nele, saímos em viagem. Uma viagem que eu não queria mais voltar. Tinha colocado a fazenda à venda, nem os empregados sabiam, apenas Jorge. Pessoa a quem eu teria contato apenas telefônico.

A criança ia quieta, agarrada a uma boneca, envolvida pelos braços da avó, que a cada quilômetro me dizia:

Filho, será que não há um outro modo de fazer isto?

— Eu não vejo nenhum, mãe. Se houver e você descobrir, me conte. Estou deixando minha vida praticamente para trás, pensa que eu não sinto, que não lastimo? Mas como posso deixar que aqueles... cuidem dela, me diga?

Minha mãe desviava os olhos, ela também deixava para trás as irmãs, tias, primos, etc., pessoas a quem ela sempre gostava de manter contado, mais amiúde, pelo telefone.

Eu não queria avaliar tudo que estava arriscando. Realmente não podia sair do país e fomos para uma cidade grande, onde seríamos apenas mais um hóspede na lista do hotel.

Ficamos lá mais de sete dias, Natália muitas vezes pedia para ver o pai, como se sentisse que eu a estava raptando.

Certa noite acordei com choro. Sentei na cama e acendi o abajur, olhei, e vi minha irmã aos pés da cama, ajoelhada. Meu coração disparou, arregalei meus olhos e pulei da cama. Voltei a olhar, tendo certeza de que a estava vendo. Depois que passou um pouco o susto, perguntei:

— Clara, o que faz aqui?

Ela não dizia nada, apenas chorava muito, em um som que eu podia ouvir, diretamente, dentro de meu cérebro. Esperei que me dissesse alguma coisa. Clara não me transmitiu mais nada, então, falei:

— Sua filha está no quarto ao lado, com nossa mãe. Tirei a menina de seu marido. Tenho certeza de que eles a mandaram matar, minha irmã.

Ela levantou um pouco a cabeça e eu ouvi, como se ecoasse pelo quarto, um: Não; extremamente dolorido.

Um gelo perpassou pelo meu corpo. Dei um passo em direção a ela, conseguindo sair da imobilidade.

— Clara, nunca pensei que pudesse ver você novamente. Diga-me: O que quer que eu faça?

Ela, ainda ajoelhada, apenas me olhava, eu não sabia se era ela quem não conseguia se comunicar, ou eu entender. Esperei, enquanto meu coração parecia querer sair pela boca.

Ela continuava chorando e me olhando, eu me sentia incrédulo, assustado e agoniado.

— Clara, posso fazer alguma coisa por você?

— Devolva Natália ao pai.

Sem ter certeza de que eu a ouvia, lhe disse:

— Mas ele ou alguém da família dele é seu assassino.

— Não importa. Devolva Natália a ele.

Desviei meus olhos por um segundo, de tão indignado que fiquei. Quando voltei a olhar, ela não estava mais lá. Eu estava de pé, ao lado da cama, como que congelado. Senti que tinha dificuldade em me mexer. Ainda me questionei: Será que eu a vi mesmo?

Para ter certeza de que eu estivera acordado todo o tempo, abri a porta, saindo para o corredor do hotel. Estava vazio, era plena madrugada. Fui até o fim contando o número de portas, como se elas pudessem testemunhar que eu estava acordado, e em plenitude de minhas funções cerebrais, sem estar alucinando.

Voltei para o quarto, fechando a porta. Não dormi mais naquela noite. Acomodei-me em uma poltrona e lá fiquei, olhando para cada detalhe do quarto, e ao mesmo tempo tentando colocar meus pensamentos em ordem.

Desci, para o desjejum, quando ainda colocavam as mesas. O garçom me perguntou se eu tinha um compromisso muito cedo, pois táxi àquela hora era difícil de encontrar.

Eu apenas balancei a cabeça negando. Ele ficou me olhando por alguns minutos, como se sentisse que eu estava diferente.

Depois de eu ficar na mesa fazendo muita hora, esperando que minha mãe acordasse, meus pensamentos pareciam bem mais claros. Não tinha dúvidas de que tivesse visto Clara, embora uma outra parte minha se recusasse a acreditar.

Vi quando minha mãe entrou no salão de refeições com Natália. Mamãe tinha os olhos vermelhos, e me afirmou:

— Depois de nos alimentarmos vou levar Natália ao playground, e eu e você vamos conversar.

A menina nos olhou, sorriu e disse:

— Hoje sonhei com minha mãe.

Eu a olhei arrepiado:

— O que você sonhou? - perguntei imediatamente.

— Ela não dizia nada, apenas chorava, fiquei com muita pena dela, por isso orei.

Eu me perguntei, se em vez se sonhar a garota não a tinha visto também.

Mal elas comeram e saímos. Havia um playground atrás do hotel, onde havia também piscinas e salões de jogos. Assim que Natália correu para os brinquedos, eu disse a minha mãe:

— Mãe, não foi somente Natália quem viu Clara; ela apareceu no meu quarto.

Minha mãe voltou-se surpresa, e ficou me olhando incrédula, como se não acreditasse em minhas palavras, depois me disse:

— Carlos, você nunca teve alucinações.

— E não tive. Estava dormindo e acordei com um choro. Acendi o abajur e olhei, Clara estava ajoelhada aos pés de minha cama. Levei um susto tão grande que pulei da cama. Mãe, ela chorava muito.

Enquanto eu narrava, a expressão do rosto de minha mãe mudava. Era claro que ela também estava dividida em acreditar ou não. Depois que lhe contei, até que tinha saído ao corredor e contado as portas, ela sentou-se em um banco e ficou quieta, branca como cera.

— Mãe, vamos voltar. Tenho certeza de que Clara veio para impedir nosso sumiço com Natália - falei sentando-me ao lado dela.

Minha mãe se benzeu, ficou ainda muito tempo calada, como que avaliando. Natália sorria, brincando com as outras crianças, que estavam com seus pais, hospedadas ali.

De repente minha mãe se levantou, até me assustando e me dizendo:

— Vamos fazer as malas antes que descubram que loucura estávamos fazendo. Bem que meu coração rejeitava esta idéia. Mas ainda estamos com o problema, e se algum deles matou minha filha.

— Não sei.

— Se Clara veio, por que não esclareceu logo tudo?

— Mãe, eu fiquei muito assustado. E não houve um diálogo como tínhamos quando ela era viva. Foi truncado, como se eu tivesse extrema dificuldade em entendê-la e ela a mim.

Novamente minha mãe se benzeu e saiu. Fiquei olhando Natália brincar, e me perdi em meus pensamentos. A cena que eu tinha visto não saía de minha mente. Eu não sabia bem como classificar.

Quando, no meio da tarde, já estávamos voltando, Natália dormia com a cabeça no colo de minha mãe, e ela me disse:

— Assim que chegarmos deixe que eu ligo para o pai dela. Avisarei que já estamos de volta. Sinto-me envergonhada.

— Creio que Clara só veio para impedir o que estávamos fazendo, com certeza muito errado - repeti um tanto arrependido.

***

Assim que chegamos à fazenda, minha mãe ligou para o Fernando, avisando que já estávamos de volta e soubemos, para nossa surpresa, que ele estava viajando.

Ela me perguntou:

— Será que ele está à nossa procura?

— Vamos desfazer qualquer suspeita. Deixou recado com a secretária dele?

— Com a telefonista.

— Ligue para a mãe dele. Pergunte se ela tem o telefone de onde está o filho.

— Está bem.

Enquanto minha mãe fazia a ligação, eu fui até a casa de Jorge, e lá encontrei somente Lígia, que olhou admirada ao me ver.

— Carlos, aconteceu alguma coisa? Já estão de volta, nem faz uma semana que foram.

— Não estava valendo a pena à viagem. Estava apenas nos cansando. Onde está seu marido?

— Não sei, talvez nas baias ou no campo.

Eu sequer tinha descido do jipe. Agradeci. Manobrei o veículo, para sair em direção das baias. Olhei a hora, quase seis da tarde. Não valia a pena eu sair procurando-o; voltei-me e pedi à Lígia.

— Diga a Jorge para ir me procurar em casa.

— Está bem; respondeu ela com voz alterada para que eu pudesse ouvi-la apesar do barulho do motor do jipe.

Voltei para casa e minha mãe me relatou, que tinha conseguido falar com a mãe de Fernando, e ela dito que não tinha o telefone de onde o filho estava.

Julgamos estranho. Como ele poderia ter viajado e não deixado nenhum telefone para contato? Mas, caso fosse a mãe dele não querendo nos dar o telefone, paciência.

No dia seguinte, fui até a cidade próxima, e na imobiliária retirei a venda da fazenda, sem dar maiores explicações.

Somente quatro dias depois Fernando ligou, e quem atendeu foi Natália; falou com o pai, longamente. Ele ficou de ir buscá-la na semana seguinte, pois ela já perdia aulas.

Depois ele falou, ligeiramente, com minha mãe, apenas confirmando o que já tinha dito a Natália.

E eu via a menina às vezes chorando, sentindo saudades da mãe e do pai. Por isso pedi:

— Mãe, você moraria com o Fernando por algum tempo?

— Eu não.

— Por sua neta. Ela vai ficar na mão de empregadas; o pai trabalha muito; chega tarde, e a menina está sentindo muita saudade da mãe, sua filha.

— Nunca fui íntima de Fernando e não gosto muito da família dele, ainda mais depois do que aconteceu. Eu não quero, mas a suspeita ainda ronda meu coração. Fico dividida, e isto é horrível.

Não entendo por que Clara, aparecendo para você, não teve um diálogo inteligente, me tirando dessa aflição.

— Mãe, eu estava com o coração saindo pela boca, incrédulo, e o que ela transmitia entrava diretamente no meu cérebro.

Como reflexo, toda vez que falávamos disso, minha mãe se benzia.

— Já ouvi histórias de fantasmas; mas nunca pensei que, um dia, minha filha seria um, e muito menos que, meu filho estaria vendo-a.

Dei de ombros, não adiantava discutir, eu tinha visto, tinha aceitado e pronto! Que segredos mais existiriam?

Quatro dias depois, um sábado à tarde, Fernando chegou. A filha correu para ele e ficaram, longamente, abraçados. Ele parecia muito bem. Não tocou no nome de Clara, e, olhando-o, minha desconfiança reapareceu: Será que ele era mandante do assassinato de minha irmã? Novamente tive vontade de tirar Natália das mãos dele.

Ele nos contou que tinha encontrado uma babá para a menina. Eu lhe sugeri que minha mãe ficasse com eles por uns tempos, até a menina se adaptar a babá.

O desconforto dele foi muito grande ao dizer: não. Pareceu-me que a possibilidade de minha mãe morar com ele, o tinha apavorado. Por isso insisti.

Ele, vendo-se encurralado, me disse, grosseiramente, a certo ponto:

— Carlos, já lhe disse que não é preciso. Agradeço que se preocupem com minha filha, e não se esqueça, eu também tenho mãe.

— Eu sei, mas a sua é muito ocupada. E a minha pode muito bem ficar alguns dias com Natália.

— Agradeço. Mas não.

Ele dormiu ali naquela noite, e somente depois do almoço do dia seguinte saiu levando Natália. Vendo-os partirem, enquanto a menina nos dava adeus com as mãos, eu ainda queria tirá-la das mãos dele.

Naquela noite eu quase não consegui dormir. Estava arrependido de ter desistido de meu plano de sumir com a menina. Procurei pensar em Clara, e pedi-lhe que aparecesse novamente para mim. Não aconteceu.

Com os dias passando eu me conformei com a separação de Natália. Minha mãe falava com ela quase todos os dias, em uma vigilância à distância.

Voltei à minha rotina, e muitas vezes ainda recordava cada segundo da visão que tinha tido.

***

Quase um ano se passara desde que Natália se fora, e já estava acertado que durante suas férias escolares o pai a levaria para nós, e, novamente, passou-me pela cabeça sumir com ela.

Esse pensamento se repetia, do mesmo modo que a aparição de Clara se repetia em minha mente.

E aconteceu; para minha surpresa, novamente. Eu tinha me recolhido mais cedo. Uma certa indisposição havia tomado conta de mim; tive certeza de que estava para me resfriar, todo o meu corpo doía.

Deitei-me não era ainda oito horas da noite. Liguei meu som, com uma música, bem baixinho; o abajur ainda estava aceso; procurei entregar todo meu pensamento aos acordes que ecoavam, levemente, pelo quarto.

Senti um movimento. Pensei que fosse minha mãe para ver como eu estava; sequer percebi que não ouvira abrirem a porta. Levantei a cabeça em direção à porta e vi, novamente, Clara, na mesma posição, ajoelhada.

Com o coração aos pulos sentei-me, imediatamente, perguntando:

— Clara, novamente você? Como está minha irmã? Por que ainda chora tanto?

Levantei-me da cama, devagar, sem tirar os olhos dela, aproximei-me. Ela se colocou de pé. Parou de chorar, tentei tocá-la, e apenas um leve aquecimento se fez em minha mão. Retirei-a. Repeti:

— Clara, por que não está em paz? Diga-me em que posso ajudá-la?

— Minha filha, ela corre perigo. Ajude-a.

— Que tipo de perigo? - perguntei apavorado.

Clara ficou apenas me olhando. Eu tinha até medo de piscar, pois ela podia sumir. Roguei:

— Clara, por favor, fale-me, que tipo de perigo? É o pai dela o mandante de seu assassinato?

— Não. Fernando ainda me ama. Eu o ouço chorar por mim.

— Então, por que ele faria mal a filha de vocês?

— Ele não, ele não.

— Clara, você vem apenas me torturar. Diga quem, então, diga!

— Não sei. Não consigo perceber, mas sinto.

Sem querer desviei meu olhar, e quando me voltei, ela tinha sumido. Uma certa tontura envolveu-me; sentei-me na cama por alguns minutos.

Depois me levantei. Abri a porta e chamei minha mãe, que ainda estava na sala.

Ela entrou no quarto olhando tudo ao redor, como se pressentisse algo estranho. Eu não queria mais acreditar que tinha visto Clara; que ela vinha com poucas informações, então por que vinha?

Mesmo assim narrei a nossa mãe, que como sempre, se benzeu, observando um pouco incrédula:

— Ela disse que o marido ainda a ama? Não me parece. E se é assim, por que Natália corre perigo? Desculpe, filho, você sonhou.

Dizendo isso ela colocou a mão em minha testa, para verificar se eu estava com febre. Ficamos em silêncio, eu tentava me recordar se algo havia me escapado daquela conversa estranha.

Depois minha mãe saiu, me dizendo que dormisse em paz. Não dormi em paz; a cena de Clara no meu quarto aparecia em minha mente a todo o momento, como um filme repetindo-se.

Tive certeza de que ela queria me passar mais informações, mas talvez meu susto impedisse que meu cérebro registrasse.

Quando acordei eu me sentia pior, muito pior. As dores pelo meu corpo tinham aumentado; a coriza se fazia presente, e uma dor de cabeça parecia querer me enlouquecer.

Logo minha mãe me deu analgésicos e remédios para aliviar os sintomas do resfriado. Passei o resto do dia na cama, sentindo-me sonolento.

Três dias depois eu já estava de pé. Minha mãe já tinha falado com Natália várias vezes, nossa preocupação com ela havia aumentado, e muito.

Pedi à minha mãe que arranjasse uma desculpa qualquer e pedisse ao Fernando para hospedar-se na casa dele, por causa da neta. Prontamente ele aceitou, segundo ela, pareceu de bom grado, pelo menos por telefone.

Dois dias depois ela viajava. Mas eu tinha uma preocupação imensa, tanto por ela quanto por Natália. Eu havia lhe pedido que procurasse notícias do tal de Cláudio e da esposa dele. Estando no Rio, na casa do Fernando, não seria difícil.

Por essa época tive que viajar para fechar um negócio, voltando somente três dias depois. Assim que pisei em casa, perguntei a Amélia sobre minha mãe. E ela me disse que tudo estava bem. Que minha mãe tinha ligado no dia anterior, dando notícias.

Quando mamãe voltou, chegou trazendo Natália para as férias. Olhei para a menina, estava crescida e me pareceu muito bem tratada. Correu para mim e me abraçou. Tinha um sorriso bem alegre e um comportamento descontraído, como toda criança deve ter.

Ficando conosco mais de trinta dias do período de férias, falando com o pai, praticamente, todo dia à noite, eu não conseguia conceber por que ela corria perigo.

Podia sentir a alegria dela quando o pai ligava, e o carinho que ela expressava lhe contando coisas que tinha feito, mesmo rotineiras a quem mora em uma fazenda.

Certo dia, estando ela ao meu lado na varanda, eu lhe perguntei:

— Natália, você visita muito a família de seu pai?

— Não. Tia Dorotéia não gosta de mim. Ela e meu pai já brigaram por isso.

— Mas o que ela faz para brigarem?

— Não sei. Meu pai disse que eu não me preocupasse, pois ele é meu defensor. Tio, meu pai chora com saudade de minha mãe. Ele diz que não, mas eu ouço. Acordo de noite. Vou lá consolá-lo.

Quando ela me disse isso, meu estômago se contraiu. Se isto era verdade, a outra parte também devia ser.

— Natália, você encontra muito com esta sua tia?

— Às vezes. Mas meu pai está sempre junto de mim. Meu pai é forte, e eu não tenho medo dela.

— Por que ela lhe dá medo?

A menina, brincando distraída, deu de ombros, dizendo:

— Ela tem olhos de bruxa, ameaçadores.

Disse ela, arregalando os olhos para eu entender melhor.

— O marido desta sua tia ainda é o tal de Cláudio?

— Não. Faz tempo que ele não é mais marido dela. O Roberto, meu primo, me disse que o pai mora em uma casa, e a mãe em outra; e que não são mais casados. Disse que acabou o amor. Tio, amor acaba?

— Alguns não. Venha cá, no meu colo. O meu amor, o de sua avó ou o de seu pai, por você, jamais acabará. Você gosta muito de seu pai, não é?

Falei abraçando-a.

— Gosto. Ele, também, gosta muito de mim; presenteia-me e agrada-me, leva-me ao cinema, e cobre-me à noite.

Novamente lastimei o fato de Clara me dizer coisas fragmentadas. Logo depois a menina me largou, e foi na cozinha, ver o que a avó estava fazendo para o jantar.

Se o pai a tratava tão bem, como já dissera minha irmã, de onde vinha o perigo que rondava Natália? O melhor que eu devia fazer era contar aquela história para Fernando. Mas será que ele acreditaria?

Quando ele chegou para buscar a menina, no fim das férias dela, eu já resolvera lhe dizer que Natália corria perigo.

Pouco depois que ele chegou, eu o chamei ao gabinete, lhe falei da última aparição de Clara. Ele me olhava de alto a baixo, sem saber o que pensar. Quando acabei o relato, ele se manteve calado.

Sentei-me à sua frente, e sorri, dizendo:

— Sei que parece loucura. Mas eu a vi, tenho certeza.

Ele se levantou. Andou até a janela, abriu um tanto a cortina e ficou olhando através dela, em total silêncio. Tive a sensação de que ele iria voltar-se para mim e me chamar de mentiroso ou louco.

Mas, sem se voltar, depois de longos minutos, ele me disse:

— Curioso, eu sempre sonho que ela está chorando, assim, como você me disse agora. Tenho orado por ela e dito que não lhe quero mal, apesar de tudo que aconteceu e nos levou à separação. Já tive muita raiva, me senti traído até o último fio de meus cabelos. Ainda mais sendo com meu cunhado. Carlos, você não tem idéia de como doeu e dói ainda. Meu pai, quando está com raiva, ainda joga isto na minha cara, fere meu amor próprio. Você sabe o quanto ele é explosivo. E o caso criou um abismo entre eu e minha irmã; com o marido dela, então, não suporto vê-lo. Estão separados, definitivamente, desde poucos meses depois da morte de Clara.

Eu não creio que minha filha corre qualquer tipo de perigo. Estou sempre atento a ela. A pessoa que cuida dela é de plena confiança minha, e Natália já tem idade para descrever qualquer coisa que lhe desagrade. Você deve ter se enganado.

— Pensei que fosse me chamar de doido.

Ele se virou, sorrindo levemente.

— Não. Sei que não está doido. Aprendi algumas coisas com a morte dela, e talvez eu também mantenha contato com ela de um outro modo, através dos sonhos. E sei, pelo meu coração, que ela não está bem. Apenas não sei o porquê ou o que fazer, além de orar.

— Mesmo assim, lhe peço que não descuide de sua filha.

— Não descuido. Ela é a pessoa a quem mais amo em minha vida, e se algo acontecer a ela, vou fracassar mais uma vez.

— Você não fracassou. Clara estava confusa, tanto que chegou aqui mentindo muito, sobre tudo, só para não falar a verdade.

— Era feliz, por isto eu não entendo que efeito teve meu cunhado sobre ela. Sabe, eu senti, quando eles se cruzaram pela primeira vez, que algo ocorria. Tive a sensação de que eles já se conheciam e tinham fingido ser a primeira vez. Em casa perguntei a Clara, e quando pude, especulei-o, também; os dois negaram-me que se conheciam, anteriormente. Mas nunca podia esperar que se tornassem amantes. Foi horrível para todos da família, um choque indescritível. Um escândalo.

— Já que estamos falando de coração aberto, me diga, pode alguém de sua família ter mandado assassinar minha irmã?

Ele me olhou espantado com a pergunta:

— Claro que não! Ninguém seria capaz. Foi azar. O Rio é perigoso para se viver.

— Desculpe. Mas era uma desconfiança que tive quando ela morreu. Pareceu-me cômodo. Você sabia que eles continuavam amantes mesmo depois que ele voltou para a família.

— Carlos, quando minha irmã descobriu que eles eram amantes, eu saí de casa. E se você disser-me que nada mais poderia esperar-se de mim, está errado. Eu amava muito minha esposa e, se eu tivesse uma chance de esquecer o acontecido, eu apegar-me-ia a ela. Mas sentia que eles não se largariam. Clara e Cláudio são pessoas inteligentes e eu sabia que, para arriscarem tanto, era muito importante. Desisti, como se soubesse que era uma batalha perdida. Chega! Não quero mais falar disso.

— Desculpe. Eu ando muito preocupado.

Eu queria dizer-lhe que a primeira aparição de Clara havia impedido-me de sumir com a filha dele. Mas não queria que ele passasse a desconfiar de mim, e de minha mãe, pois sentira o quanto Natália era importante para ele. Ali acabou aquela conversa, dolorida para nós dois.

Saímos do gabinete e Natália pulou nos braços do pai. Olhei-a, deduzindo que logo seria uma mocinha e talvez deixasse de gostar de ir à fazenda. Esquecendo-nos parcialmente.

No dia seguinte eles se foram, e eu permaneci preocupado; a toda hora me perguntava que tipos de riscos Natália estava correndo?

Várias noites eu orava pedindo à Clara que viesse me esclarecer, mas será que ela tinha acesso à informação completa? Deduzi que não. Que devia existir, algum tipo de interferência, entre nós; dela para mim, e vice-versa.

***

Acordei naquela noite com um grito ecoando em minha mente. Sentei-me, automaticamente, na cama, tateando no escuro à procura da tomada do abajur. Eu mal conseguia respirar.

Em seguida pulei da cama, e, sem pensar, liguei para a casa de Fernando.

Uma voz sonolenta atendeu, reconheci a voz dele, e lhe disse sem preâmbulos:

— Fernando, há alguém dentro de seu apartamento.

— Quem está falando? - perguntou ele como se não entendesse direito.

— Fernando, procure em seu apartamento, agora. Eu fico esperando no telefone.

— Carlos, Carlos, onde você está?

— Pelo amor de Deus, procure agora!

— Não pode ter entrado ninguém aqui. Tem guardas na portaria; o apartamento está fechado.

— Verifique, pelo amor de Deus - teimava eu desesperado.

— Está bem! Falou ele um tanto irado.

O telefone ficou em silêncio, olhei para ele em minhas mãos, e me perguntei chocado: O que estou fazendo? Por que estou ligando para o meu cunhado a essa hora, afirmando que tem alguém dentro do apartamento dele? Lá é seguro, eu sei disso.

A lógica me dizia que eu estava agindo como insano; mas a certeza de que Natália corria perigo, naquele momento, era mais forte. Assim, fiquei ali esperando; meu coração estava acelerado, minha respiração difícil, minhas pernas trêmulas, como se eu tivesse levado um grande susto.

Algum tempo depois ouvi Fernando conversando com alguém, e ele dizia:

— Volte para cama, filha. Não foi nada.

Ele pegou de volta o telefone, e me disse:

— Carlos, não há ninguém aqui dentro. Nem a empregada, somente eu e Natália, que acordou assustada com seu telefonema sem propósito.

Eu me senti, extremamente, envergonhado, e, enquanto procurava em minha mente uma palavra que expressasse o quanto eu lastimava, ouvi um grito do outro lado, o telefone foi largado, imediatamente.

Podia ouvir o Fernando dizendo:

— Largue minha filha! Como você entrou aqui?

Desliguei o telefone e liguei para a polícia, arriscando-me a ser taxado de puro maluco. Sabia que não podia dizer o que realmente estava acontecendo. Por isso disse que morava no andar de baixo, e ouvira gritos no apartamento de cima. Dei o endereço a polícia. Desliguei o telefone novamente. Vesti-me, rapidamente, e acordei minha mãe.

Novamente lastimei não termos uma pista de pouso. Jurei que no dia seguinte iria arranjar um lugar para construir uma, mesmo que precisasse fazer um empréstimo, pelo menos nas emergências teríamos como sair dali rapidamente.

— Carlos, espere amanhecer, já são três horas; disse-me ela, apavorada com meu comportamento.

Sem ouvi-la, eu lhe disse:

— Ligue para o Fernando novamente, quero saber o que está acontecendo.

Calando-se, ela pegou o telefone, e começou a discar. Avisou-me que estava dando ocupado. Com certeza o telefone estava fora do gancho ainda.

Pegando apenas um agasalho mais pesado, eu saí. Peguei o jipe, indo em direção à estrada. Queria pegar o primeiro avião para o Rio de Janeiro. Queria saber o que estava acontecendo.

Na estrada de terra e noite escura, eu mal enxergava os buracos. Pedi que Deus me guardasse, sentia-me assustado, não sabia o que me havia levado a ligar para Fernando. Era como se minha mente tivesse apagado as imagens, ficando apenas a informação do que eu tinha que fazer.

Quando amanheceu eu já estava sobre o asfalto. Parei em um bar de beira de estrada, tomei um café quente e amargo, apenas para me sentir bem esperto.

Continuei o caminho até o aeroporto. Peguei o primeiro avião para o Rio de Janeiro. Somente neste momento percebi que sequer tinha feito uma mala.

A viagem me pareceu extremamente longa, e era. Chegando ao aeroporto liguei para minha mãe, como já tinha feito antes de pegar o avião. Nada; ela não havia conseguido, ainda, falar com o Fernando ou com Natália.

Peguei um táxi e segui em direção ao apartamento dele. Falei com o porteiro; ele me disse que Fernando estava no hospital, e a filha na casa da mãe dele.

Fui em direção ao hospital indicado. Pelas notícias que o porteiro tinha, Fernando tinha levado um tiro. O táxi costurava no trânsito; eu parecia que ia explodir de agonia.

Chegando ao hospital, me identifiquei na portaria e subi para o segundo andar, onde ele estava. Chegando lá encontrei, no quarto, Natália, a mãe e o pai de Fernando, este desacordado. Perguntei, sem sequer cumprimentá-los:

— O que aconteceu?

— Como chegou tão rápido? Foi a pergunta deles ao me verem chegar tão afobado.

— Viajei ontem a noite mesmo. O que aconteceu?

A mãe dele começou a chorar, e o pai me disse:

— Dorotéia deu um tiro no próprio irmão. Parece que ela ia atirar em Natália. Não sei como ela entrou. Minha filha parece estar insana.

Cheguei perto de Natália, e a abracei com força, dizendo, sem nem mesmo saber se era verdade.

— Fique tranqüila, seu pai vai ficar bem.

— Graças a Deus e a um telefonema que o acordou no meio da noite. Já o operaram para tirar a bala, está sob efeito dos analgésicos, informou-me a avó de Natália.

Sentei-me a um canto, e perguntei, segurando a menina, ainda assustada, em meus braços:

— Querida, você pode me dizer o que aconteceu?

— Eu ouvi o telefone tocar. Ouvi meu pai atender e ele apareceu na porta do meu quarto, me deu boa noite e saiu. Levantei-me para perguntar-lhe quem era. Fui atrás dele; me vendo, ele mandou-me voltar para a cama. Então, quando saí para o corredor novamente, vi uma sombra, estava um pouco escuro. Dei um grito de susto, e meu pai saiu do quarto. Ouvi um barulho, um brilho, e ele caiu gemendo. Comecei a gritar pensando que fosse ladrão, e que meu pai estava morto.

A avó da menina chorava silenciosamente. O pai dele estava branco de pavor. Repetiu:

— Não sei o que deu em minha filha? Desde que ela se separou do marido não está bem. Mas, por que entrar no apartamento do irmão e atirar nele?

— Não era ele quem ela queria acertar, era em Natália; declarei com certeza absoluta.

Os dois me olharam; a menina, que estava com a cabeça encostada em meu peito, tirou-a como se tivesse levado um choque.

— Por que Dorotéia faria isso? O que fez a menina? Questionou a avó incrédula.

— É filha de minha irmã.

— Não! Refutou a mãe de Fernando com veemência.

Eu me calei. Depois de alguns minutos, perguntei:

— Ela está presa?

— Sim. Não sei como a polícia chegou tão rapidamente, pegando-a, ainda no apartamento. Parece que um vizinho ligou.

Eu não desmenti. Seria muita coisa a explicar e eu não tinha subsídios para fazê-lo.

Ficamos em silêncio. A menina abraçou a avó. Fernando estava ferido no meio do peito, por pouco não tinha levado um tiro bem no coração.

Depois de meia hora, o telefone tocou. Fernando nem se mexeu, o pai dele atendeu. Apenas concordou com o que estavam falando do outro lado da linha. Desligando, nos disse:

— Vou à delegacia; o advogado ligou, pediu-me para ir lá.

A esposa dele, mal o olhando, lhe disse inconformada:

— Dorotéia enlouqueceu! Minha filha fez uma coisa desta! Só pode estar maluca.

Somente neste momento me lembrei que minha mãe devia estar mais do que aflita.

Saí junto com o pai de Fernando, e procurei um telefone para ligar. A cobrar, falei com minha mãe e lhe narrei o que estava acontecendo. Pedi-lhe que ficasse na fazenda.

Aproveitei que estava fora do quarto e, atravessando a rua, fui a um restaurante, alimentando-me, quietamente.

Eu queria falar com Dorotéia, saber o que estava lhe ocorrendo; tive certeza de que havia sido ela quem tinha mandado ou mesmo assassinado, friamente, minha irmã, de modo que parecesse ter sido, por motivo de roubo.

Do restaurante eu podia ver o hospital. Ainda não me registrara em nenhum hotel, nem trazia roupas. Mentalmente agradeci o que havia me ocorrido, pois, do contrário, Natália poderia estar morta e ninguém, ainda, saber quem era o assassino. E, talvez, a culpa recaísse sobre o próprio pai dela, pois, pelo que parecia, ninguém tinha visto Dorotéia entrar no prédio.

Voltei para o quarto onde estava o Fernando. Perguntei à menina e à avó se desejavam alimentarem-se. A pedido da avó, tirei Natália dali, contra vontade dela. Senti que a menina estava petrificada ante a possibilidade de seu pai morrer, assim como tinha acontecido com sua mãe.

Novamente atravessei a rua, e levei-a até o restaurante, quase obrigando-a, a comer um lanche. Natália estava muito quieta;

mastigava mecanicamente. De vez em quando, lágrimas rolavam silenciosas pelo seu rosto.

Tornei a dizer-lhe:

— Fique tranqüila, seu pai está bem! Ele não vai morrer.

— Tenho medo, tio. Por que minha tia fez isso? Eles são irmãos; não têm que se amar?

Sem lhe responder, lembrei-me de Inácio; de quem não fazíamos idéia de onde se encontrava; e qual seria a sua situação? O que ele teria feito da parte que lhe coubera da herança? Usado bem ou torrado tudo, simplesmente, julgando que é com irresponsabilidade que se aproveita a vida?

Ela acabou de alimentar-se, paguei e atravessamos a rua, novamente, em direção ao hospital. Indo para o quarto onde o pai dela estava. De mãos dadas comigo, eu podia sentir que Natália queria sair correndo em direção a ele, mas ia passo a passo, seguindo minha cadência de andar.

Atravessando a porta de entrada, olhei para o corredor a minha frente e pensei, assustado, na crueldade que eu pretendera fazer, quando planejara seqüestrar Natália, tendo a certeza de que Fernando estava envolvido na morte de minha irmã. No entanto, apesar de tudo, ele ainda chorava a perda de Clara.

Entramos no quarto e meu cunhado estava acordado, apesar de estar um pouco sonolento, ainda, por causa dos analgésicos. A mãe dele, ao lado da cama, acariciava seu rosto. Ao ver a filha, ele começou a chorar e exclamou:

— Graças a Deus, nada lhe aconteceu!

Segurei a menina, um pouco mais alto, para que ela pudesse, levemente, abraçar o pai. Os dois choraram; e o remorso, daquilo que eu podia ter feito, se fez presente, profundamente.

De alguma forma, minha irmã Clara tinha conseguido se comunicar comigo, evitando que eu fizesse aquela brutalidade.

Conversamos ligeiramente, e ele perguntou-me:

— Carlos, o que lhe deu para ligar-me àquela hora?

A mãe dele olhou-me, de alto a baixo, estranhando, muito, o que o filho perguntava:

— Acordei em desespero, sabendo que, de algum modo, Natália corria perigo, Fernando; nem pensei, creio que, ainda, estava muito sonolento. Peguei o telefone e nem lembro direito o que lhe disse.

— Quando o telefone tocou e você me acordou, pensei que havia acontecido algo urgente em sua família. Quando você me disse que Natália corria perigo, ali dentro, naquele apartamento fechado, tive certeza de que você havia enlouquecido, que estava sonâmbulo, sei lá. Tanto, que pensei duas vezes antes de sair de meu quarto, para verificar. Mas fui. Abri a porta do quarto dela e ela estava acordada, tinha acordado por causa do telefone. Cheguei perto dela, dei-lhe um beijo na testa e saí. Voltei para meu quarto para falar com você; Natália foi atrás de mim; a vi entrando no meu quarto; mandei-a voltar para a cama, mas assim que ela virou-se, senti que havia mais alguém, além de nós, fração de segundos antes de ela gritar. Saí ao corredor e vi, meu Deus! Dorotéia tinha os olhos brilhantes, um tanto arregalados, e uma arma na mão.

Nem sei o que pensei, mas tive certeza de que ela queria matar minha filha. Joguei Natália no chão, e vi o brilho do disparo; seu som ecoando, junto com uma dor profunda e não me lembro de mais nada. Mãe, Dorotéia anda se drogando?

— Não sei. Mas desde que se separou de marido não anda bem, eu podia sentir. Infelizmente, não dei a importância que deveria.

Ficamos em silêncio. Logo depois eu saí do quarto e, procurando um orelhão, liguei para minha mãe, novamente, dizendo que Fernando estava bem e já tinha acordado.

Fiquei um pouco do lado de fora do quarto, na sala de espera do hospital. Pudera sentir que mãe e filho queriam falar-se em particular. Logo depois Natália foi ao meu encontro. Sentou-se ao meu lado e deitou a cabeça em minhas pernas. Falei, acariciando seus cabelos:

— Fique tranqüila, seu pai ficará bem. Vou levá-lo à fazenda, para que possa descansar. Você irá junto e cuidará dele.

— Não posso, tio, tenho aula. Não posso faltar.

Eu tinha esquecido daquele detalhe. Senti que a menina ainda estava aterrorizada. Depois de alguns minutos de silêncio, ela me perguntou:

— Tio, minha tia Dorotéia está louca de pedra? Meu pai gosta dela, nunca fez nada de mal; pensei que só ladrões e bandidos fossem perigosos para a gente.

— O mundo é muito mais complicado, querida. As pessoas são complicadas. Tenho certeza de que sua tia não faria isso se estivesse bem. Vai ver estava mesmo se drogando e a droga tira as pessoas de sua inteligência, fazendo-as comportarem-se como loucas.

— Se minha tia sair da cadeia, virá atrás de mim, como nos filmes?

— Primeiro: creio difícil ela sair da cadeia tão já. Segundo: Seu avô tem muito dinheiro; provavelmente, coloca-la-á, em uma clínica, para que possa tratar-se, e ela, nunca mais, fará isso.

Ficamos ali, calados, por mais de meia hora. Depois voltamos para o quarto. A mãe dele estava sentada em uma poltrona, tão quieta que parecia empalhada; e Fernando, ao ver a filha sorriu-lhe; logo em seguida, pediu-me:

— Carlos, leve-a para seu hotel, fique com ela, seus sentidos são muito mais aguçados, por favor.

— Claro! Fique tranqüilo.

Antes de sair eu queria ainda falar com o pai dele, saber sobre Dorotéia, mas deram seis horas da tarde e eu levei Natália comigo. Passamos em uma loja e comprei algumas roupas para mim. Fomos depois até o apartamento onde ela morava com o pai, e ela mesma pegou roupas para si.

De táxi, rapidamente estávamos em um hotel, registrei-me, pedindo um quarto com duas camas de solteiro.

Subimos, cada um tomou seu banho, descemos e jantamos, nos recolhendo em seguida. Assistimos um pouco de televisão, e logo Natália estava dormindo.

Eu sabia que havia fechado a porta do quarto, mas um medo insistente ainda me rondava. Por isso fui até um móvel e o arrastei, procurando não fazer barulho, o que foi fácil, pois o piso era de carpete, deixando-o a bloquear a porta.

Mais do que cansado, rapidamente também dormi. Acordei com a sensação de ter tido sonhos estranhos. Olhei para o lado e Natália dormia um tanto agitada, debatendo-se.

Não saí da cama; não queria fazer barulho; sabia, que a noite anterior, havia sido péssima para a menina, talvez, a pior de sua vida.

Meus pensamentos voltaram-se para Dorotéia, eu queria falar com ela, queria entender o que tinha lhe passado pela cabeça, drogada ou não.

Queria, também, conhecer o tal de Cláudio, que de alguma forma era o pivô de todo aquele drama.

Creio que voltei a cochilar, e vi, desta vez como se fosse sonho, Clara andando em um lugar estranho, como se uma neblina tomasse conta de tudo. Eu a chamava e ela voltava-se, apenas, cumprimentando-me, com as mãos.

Eu, com certa ansiedade, dizia-lhe:

— Clara, quero conversar com você.

— Agora não. Hoje não podemos.

E, assim, a neblina parecia fechar-se à minha volta, fazendo com que a imagem sumisse completamente.

***

Acordei, não sei quanto tempo depois, com a sensação de que abrindo os olhos eu veria neblina à minha volta. E, claro que não. Abri os olhos e vi, a tênue luz que clareava o quarto.

Natália ainda dormia. Levantei-me; em silêncio, arrastei, novamente, o móvel que estava bloqueando a porta, colocando-o no lugar, e fui para o banheiro.

Depois troquei de roupa, quietamente, sentindo que tendo Natália sob meus cuidados, eu poderia estar correndo perigo. Procurei lembrar-me, se poderiam suspeitar que estávamos naquele hotel; concluí que não.

Quando voltei para o quarto, Natália estava sentada na cama. Sorri, dando-lhe bom dia; e a primeira coisa que ela me pediu, foi para ver seu pai.

Afirmei que a levaria, assim que nos alimentássemos. Logo que ela estava pronta descemos, nos alimentamos e pedi um táxi.

Solicitei que nos pegassem, no estacionamento interno do hotel; e fiz Natália deitar-se no banco de trás, com medo que a vissem.

Claro que o motorista estranhou este comportamento e me perguntou:

— Está escondendo a menina? O senhor é da polícia?

— Não. Sou tio dela. E o pai dela foi baleado ontem.

Percebi que o taxista ficou temeroso também, e a todo o momento olhava pelos espelhos, conferindo se estávamos sendo seguidos.

No hospital pedi que parasse, rapidamente, onde paravam as ambulâncias, rezando que nenhuma delas chegasse naquele exato momento.

Rapidamente paguei e descemos. Entrando no hospital, a garota me perguntou:

— Tio, ela ainda quer me matar?

— Não sei. Mas sua vida vale ouro para mim, não quero arriscar, detesto tomar prejuízo - brinquei tentando quebrar um pouco a tensão que sentíamos.

A menina sorriu ligeiramente. Entramos no quarto e Fernando já estava sentado, sozinho. Seus olhos brilharam quando viu a filha, os dois se abraçaram.

Conversamos sobre amenidades e ele me avisou que no dia seguinte Natália precisava ir para a escola, já estava faltando muito.

Eu queria perguntar-lhe sobre Dorotéia, mas não podia fazê-lo, na frente da menina, e, também, não queria que ela ficasse sozinha na sala de espera, mesmo sendo naquele corredor, a poucos metros dali.

O telefone tocou, era minha mãe; conversou um pouco com Fernando, comigo e com Natália, depois desligou. Perguntei ao Fernando:

— Posso deixar Natália um pouco com sua mãe? Eu tenho negócios a resolver.

— Deixe-a aqui comigo. Ela pode passar o dia aqui. Tem televisão, e poderemos assistir juntinhos, não é meu bem?

— Volto logo. Talvez antes do meio-dia.

— Vá tranqüilo.

Saí, sem saber se ele tinha percebido que eu ia à delegacia; eu precisava falar com Dorotéia. Do corredor do hospital mesmo liguei para a mãe dela, pedi o endereço da delegacia onde estava a filha. Senti-a relutar em me dar, eu lhe disse:

— Quero apenas falar com ela. Não vou destratá-la, até porque não poderia lhe fazer qualquer mal dentro de uma delegacia.

Mesmo relutante a mulher me deu. Peguei um táxi, e pedi que me levasse até lá. Realmente, dentro do hospital, com o pai, Natália estava segura, se é que, realmente, corria ainda algum perigo.

Nem vinte minutos depois eu subia as escadas da delegacia. Esperei ser atendido, e pedi para falar com Dorotéia. Tive que me identificar com o delegado, que me olhava especulativamente.

Logo eu estava frente a frente com ela. Ao ver-me, ela sorriu dizendo:

— Conheço você. É irmão daquela mulher que acabou com minha vida. Sabia que ela teve a audácia de ser amante de meu marido? Cunhado dela!

— Sabia. Dorotéia, preciso falar com você. Por que quis matar Natália?

— Tenho certeza de que ela é filha de meu marido. Não quero que ele tenha qualquer vínculo com aquela desgraçada.

— Quando minha irmã teve Natália sequer conhecia seu marido.

— Isto é o que eles dizem! Mas diga-me, como pode amá-la tanto se não se conheciam? Não sou criança, não acredito em amor à primeira vista. Eles já se conheciam, sim, tenho certeza, talvez desde que ela era solteira, traindo meu irmão. Fernando a ama; Cláudio a ama; o que ela tem de diferente?

Percebi que Dorotéia falava como se minha irmã ainda estivesse viva, no entanto, já fazia mais de um ano que ela havia morrido.

— Não sei. Quem sabe? Responda-me: foi você quem mandou matar minha irmã?

Dorotéia sorriu dizendo-me, cinicamente:

— A polícia deduziu que foi latrocínio.

— Mas eu creio que foi você.

— Ninguém pode contradizer a polícia, talvez levantem o caso e descubram que foi você — ironizou ela — Nunca encontraram o ladrão. Sua irmã desfilava pelas ruas perigosas do Rio, toda elegante. Bem-feito!

Fiquei em silêncio, apenas olhando para Dorotéia, algo vinha dela, uma sensação desagradável que eu podia sentir e não tinha palavras para traduzir, nem mesmo para mim.

Ela caiu na gargalhada, dizendo-me:

— O que foi? Vai dizer-me que eu lhe despertei amor à primeira vista? Não seria engraçado?

— Não! Você se droga?

— O que você tem a ver com isso? Nada. É um caipira que cria galinhas e cheira à porcos. Assim como sua irmã.

De repente eu percebi que não ia entender nada falando com Dorotéia, ela tinha raiva, despeito pelo fato do ex-marido ter amado e ainda amar minha irmã.

Despedi-me dela e saí. Dorotéia estava muito perturbada, não havia dúvidas. Aproveitando que eu estava lá, o delegado me fez algumas perguntas, e eu lhe sugeri que investigasse se Dorotéia havia assassinado minha irmã.

Ele alegou que o caso já estava encerrado, e, somente seria citado, se provas concretas aparecessem. O advogado de Dorotéia estava querendo provar que ela estava sob efeitos de calmantes.

Temi que ele conseguisse; que ela ficasse em uma clínica por uns tempos, e depois saísse, ainda com a idéia de que Natália era filha do ex-marido. O que não era verdade.

Olhei a hora, pouco mais de onze horas, tive vontade imensa de falar com o tal de Cláudio, mas não sabia onde procurá-lo. Perguntar para o Fernando àquela altura seria extremamente desagradável. Depois de ter falado com Dorotéia tive certeza de que há tempos ela vinha gritando, em altos brados, que Natália não era filha dele.

Tentei me lembrar de tudo que Clara me dissera quando fora para a fazenda, mas ela havia misturado, às verdades, muitas mentiras.

Voltei para o hospital. Queria levar Natália para almoçar fora dali; roguei que algum parente de Fernando estivesse no quarto; para que eu lhe perguntasse o endereço de Cláudio.

Quando entrei no quarto, a mãe dele estava; olhou-me, reprovadamente e vi, que com ela, nada conseguiria. Cumprimentei-a, e ela mal sussurrou um bom dia. Convidei-a, por educação, para almoçar comigo e Natália, e ela recusou-se. E Fernando, sem perceber a má vontade de sua mãe, insistiu que ela saísse um pouco dali, pelo menos para almoçar; ela, sem opção, aceitou.

Atravessamos os corredores do hospital em silêncio. Na rua eu lhe perguntei se conhecia algum restaurante ali por perto, fora o que havia em frente. Ela indicou um, e fomos para lá. Natália, de mãos dadas, comigo e a avó, caminhava quietinha.

Quando chegamos ao restaurante e já estávamos sentados, perguntei:

— Fernando está me parecendo muito bem. Quando terá alta?

— Creio que amanhã. Falei com o médico quando ele foi examiná-lo. Deus! Por pouco minha filha não mata o irmão. Sempre pensei que esses casos acontecessem, apenas em favelas; não em minha casa.

— Tudo acontece com todos. Estive na delegacia, falei com Dorotéia.

A mãe dela desviou o olhar, como se não quisesse que eu falasse sobre minha visita. Calei-me.

O garçom veio e fizemos nossos pedidos. Durante a refeição, pedi-lhe o endereço de Cláudio, e ela perguntou-me, um tanto irritada:

— O que você quer com ele? Sua irmã e ele nos trouxeram a desgraça. Nunca pensei em minha vida que eles viriam de mãos dadas estragar toda união de minha família.

— Creio que não foi assim. Não sei bem o que aconteceu; e como irmão de Clara e tio de Natália, eu preciso saber. Entenda. Eu não sabia o que estava ocorrendo, e quando soube, muito por cima, minha irmã morreu. Muitas perguntas estão entaladas em minha garganta.

A mulher voltou sua atenção para o alimento, servindo-se; voltei a calar-me; Natália mal tocava no prato e percebi que estava a ponto de cair em pranto. Disse-lhe:

— Coma, querida, assim poderá passar a tarde com seu pai. Ouviu o que a vovó disse? Amanhã ele já estará em casa, e você precisará cuidar dele.

A menina me olhou significativamente, roguei que já tinha maturidade para entender o que ocorria. Talvez a avó acreditasse que Dorotéia tinha razão, mas Fernando, era certeza que não.

Acabamos de almoçar, e eu ainda insisti que Natália tomasse um sorvete. Depois voltamos ao hospital. Entramos devagar no quarto, Fernando dormia quieto.

Sussurrei que seria melhor esperarmos na sala de estar do hospital, eu e Natália fomos para lá. Sentamo-nos um ao lado do outro, e ficamos assistindo à televisão que havia ali.

Eu não prestava a mínima atenção. Não tinha conseguido com a mãe de Fernando, o telefone ou qualquer outro modo de entrar em contato com Cláudio, e procurava, mentalmente, como fazê-lo.

Nem meia hora depois, o pai de Fernando chegou; abraçou Natália e cumprimentou-me, perguntando porque estávamos ali; disse-lhe que Fernando dormia, e que a mãe estava com ele.

Ele foi em direção do quarto; estava com expressão abatida, e pareceu-me um tanto trôpego. Tentei mensurar, emocionalmente, o que ele estaria sentindo em uma situação daquelas. E, horrível, me parecia simples demais.

Fiquei pensando o que eu faria dali em diante. Realmente ficar no hospital não fazia bem à menina, mas o pai, saindo no dia seguinte, ficaria com ela.

Eduardo, um outro irmão de Fernando, que eu mal tivera algum contato, apareceu. Vendo Natália, caminhou até nós, cumprimentando-a, e vendo-me ali, tive certeza de que fez força para se lembrar de mim.

Quando se lembrou, fechou a cara, como se eu fosse culpado de alguma coisa. Pedi:

— Podemos falar em particular, por um minuto?

Olhando-me nos olhos, acreditei que ele iria dizer não. Mas fez sinal com a cabeça que sim. Nos afastamos apenas poucos metros, eu disse-lhe:

— Desculpe, o que vou lhe pedir. Preciso do endereço de Cláudio, preciso falar com ele. Necessito saber o que aconteceu entre ele e minha irmã, que acabou desencadeando tudo isso.

O rapaz abaixou a cabeça, olhando para o chão, avaliando meu pedido, disse-me:

— Não tenho o telefone ou o endereço dele, mas sei a empresa onde ele trabalha. Entendo sua preocupação; já nem sei mais o que desencadeou toda esta loucura. Desde a separação minha irmã estava se drogando; todos sabíamos. Pedimos a ele para se manter casado com ela; ele recusou-se. Não foi sensível à sua dor.

— Não crê que estavam pedindo muito?

— Sei lá. Talvez até estivéssemos, mas Dorotéia não deixa de ser minha irmã. Quem sabe curada ela tiraria a obsessão que tem por ele da cabeça?

E, dizendo isto, ele saiu de perto de mim. Foi até a recepção, pediu a lista telefônica. Procurou nela o telefone e devolvendo-a, veio em minha direção, dando-me um pedaço de papel com um telefone, colocando o nome completo de Cláudio. Eu agradeci.

Ele deu a mão a Natália, e seguiram em direção ao quarto de Fernando.

Fui até um orelhão e liguei para o número. Pedi para falar com Cláudio, e logo ele atendeu; eu identificando-me, pedi para conversarmos.

Ele não queria; afirmou que não tinha nada para me falar. Perguntei-lhe se sabia o que havia ocorrido com o Fernando. Ele não sabia. Eu lhe fiz um rápido resumo e, novamente, pedi para nos encontrarmos. Desta vez ele aceitou. Combinamos, naquela noite no salão de jantar do hotel em que eu estava.

Desligando e guardando o papel no bolso da calça, fui em direção ao quarto de Fernando. Assim que entrei todos me olharam, e se calaram. Vi que estava sobrando, e embora não fosse minha intenção, avisei que sairia por uns momentos chamando Natália para acompanhar-me.

Sentia que havia problemas íntimos de família e estavam sendo discutidos ali; a menina não queria sair, mas o pai mandou-a tomar um pouco de ar.

Um tanto emburrada Natália aproximou-se de mim e saímos. Na rua, eu, indiscretamente, lhe perguntei o que estava ocorrendo lá dentro, e ela disse-me:

— Querem que meu pai diga a polícia que foi por acidente.

— E ele?

— Ele disse que não vai mentir, que tem medo da irmã e que o lugar dela é na prisão.

— Esqueça, Natália. É problema de gente grande, e gente grande é complicada. Onde quer ir?

— A lugar nenhum, quero ficar com meu pai.

— Eles precisam de privacidade para resolverem este problema, e eu e você atrapalhamos.

Vamos pegar um cinema. O que gostaria de assistir? Nem sei o que anda passando. Será que tem cinema aqui por perto?

— Não sei. Eu e meu pai sempre vamos ao cinema do shopping.

— Melhor perguntarmos.

Paramos em um bar e perguntamos. Não havia cinema ali por perto. Então, resolvemos e fomos ver as vitrines de algumas lojas, apenas para passar o tempo.

E o tempo parecia não passar e nas lojas não havia nada de interessante para se ver. O tédio tomava conta de nós.

Paramos em uma sorveteria, tomamos um sorvete, que eu não tinha vontade nenhuma. Depois voltamos para o hospital, eu rogava que já tivessem resolvido a questão.

Quando entramos no quarto de volta, Fernando estava sozinho, e perguntou à filha o que tínhamos feito. Ela subiu na cama e sentou-se ao lado dele. Perguntei-lhe se teria, realmente, alta no dia seguinte, ele confirmou, e disse que seria logo pela manhã.

— Voltará para seu apartamento?

— Sim. Mas pedirei aos porteiros para duplicarem a vigia. É claro que nenhum deles suspeitou da entrada de minha irmã. Carlos, fique conosco. Vá buscar suas coisas no hotel.

— Eu preferia que vocês fossem comigo.

— Não podemos. Natália amanhã já volta para a escola. Temos que voltar a nossa vida normal, apesar das loucuras de minha irmã.

— Posso compreender.

E assim ficamos em silêncio. Natália ligou a televisão, apenas para ocupar nossos olhos, pois, o Fernando e eu, mal prestávamos atenção à programação.

Quando começou a anoitecer eu e Natália voltamos para o hotel onde estávamos hospedados. Meu medo havia diminuído muito.

Chegando ao quarto, pedi à menina que me esperasse, e qualquer coisa eu estaria no salão de refeições. Pedi para ela o jantar, que seria servido no quarto. Desci.

Oito em ponto Cláudio apareceu. Perguntara ao garçom onde eu estava, e logo veio em minha direção.

O desconforto que eu sentia era imenso. Então, aquele homem, ali na minha frente, sem nada de especial, tinha feito minha irmã trair o marido.

Ele pediu-me que lhe narrasse os acontecimentos recentes. Eu o fiz, contando apenas que Fernando tinha visto a irmã dentro do apartamento dele, armada, e impedido que ela atirasse em Natália.

— Por que Dorotéia quis matar a menina? Clara já está morta.

— Falei com Dorotéia, você sabia que ela está viciada em drogas?

— Sim. O pai dela falou comigo logo que nos separamos. Queriam que mantivéssemos nosso casamento. Não dava; nem por caridade, não dava.

— Por quê?

Ele olhou, de um lado para outro, como quem desejasse contar em segredo, depois, quase sussurrando, disse-me:

— Tenho certeza de que foi ela quem armou aquele latrocínio.

— Eu também desconfiei disto. Aliás, desconfiei de todo mundo. Cláudio, conte-me o que aconteceu entre você e minha irmã; eu preciso entender. Clara chegou em minha fazenda contanto uma série de mentiras, provavelmente, sentindo-se encurralada por saber que nunca, eu e minha mãe apoiaríamos um relacionamento desses.

Ele pediu apenas uma dose de uísque, alegando que não sentia fome. Mas eu sentia, pedi que me servissem o jantar.

— Quando eu conheci Dorotéia pensei que a amava. Saímos algumas vezes, começamos a namorar, e depois decidimos ficar noivos. Curiosamente ela se comportava como se tivesse ânsia que fizéssemos tudo rapidamente. A idéia de ficarmos noivos com apenas três meses de namoro foi dela, de certa forma ela pressionou-me.

A família dela fez uma comemoração íntima, e foi neste dia que conheci Clara. Ao vê-la chegar, tive vontade de correr para ela e abraçá-la. Meu coração disparou; eu sentia uma alegria infinita.

Pensei que estava ficando maluco; nunca havia trocado uma só palavra com ela. Eu já conhecia, superficialmente, o Fernando e gostava dele, mas naquele momento ele me incomodou, como se tivesse roubado algo meu, na minha frente.

Não percebi se sua irmã sentira algo diferente entre nós durante o jantar, e eu tinha que me vigiar para não ficar olhando-a, na frente da família de minha noiva, no dia do meu noivado.

Dorotéia deve ter percebido algo, pois estava com um mau humor, que eu nunca tinha visto. Percebi que Dorotéia agredia seu irmão com observações desagradáveis. Houve até uma discussão entre eles, criando um clima desagradável; várias vezes Dorotéia chamou Clara de caipira ou insinuou isso.

Parecia que a noite nunca terminaria; e quando, finalmente, acabou e saí, pensava, somente, que no dia seguinte desmarcaria aquele noivado; assim: de repente!

Não dormi naquela noite. A imagem de sua irmã chegando com o marido parecia me torturar. Procurei em minha mente um fato que, algum dia, nos tivesse ligado para despertar-me aquelas sensações; claro que não consegui.

Tive certeza que seria desonesto de minha parte, ficar noivo em um dia e terminar no outro. Resolvi que dominaria o efeito Clara, vamos dizer assim, e seguiria o rumo de minha vida.

Dorotéia em sua ânsia, também, acabou apressando o casamento. Sempre que podia falava mal de Clara, trazendo seu nome e sua lembrança sempre à minha mente, enquanto esforçava-me por esquecê-la.

Eu evitava participar de jantares de família, sempre tão presentes na família dela. Inventava para viajarmos juntos ou estarmos em outros lugares, assim, mesmo sem querer, seduzindo cada vez mais Dorotéia.

No dia do casamento eu não tinha como fugir da presença de todos, inclusive de sua irmã. E, mesmo estando no altar, esperando por minha noiva, eu não conseguia deixar de olhar para Clara, que estava de pé, do outro lado, de braços dados com o marido.

Nossos olhares se cruzaram significativamente pela primeira vez, tive vontade de sair correndo igreja afora. Era como se eu pedisse a ela que saísse dali, do lugar de madrinha e ocupasse o lugar que, daqui a pouco, seria de minha noiva.

Em dado momento, lágrimas começaram a rolar dos olhos de Clara. Desviei meu olhar para não sair dali e abraçá-la na frente de todos os convidados, que lotavam a igreja.

O Fernando abraçou-a; senti imensa raiva dele, novamente; meu lado racional não conseguia dominar o emocional. As emoções eram fortes, sufocavam-me; perguntava-me como tinha chegado àquele casamento, sentindo-me desesperado por outra mulher a quem mal tinha visto meia dúzia de vezes.

Sei que é difícil alguém entender, principalmente quando nem eu mesmo entendo.

Casados, eu e Dorotéia viajamos. Mas ela sempre trazia na ponta da língua críticas a Clara, como se percebesse que meu pensamento sempre voava para ela. Chegamos mesmo a brigar, e eu afirmar que nada tinha a ver com as fofoquinhas de família. Dorotéia sentia, e se incomodava com razão, eu tinha certeza.

Dois meses depois de casados, houve um aniversário em família; não pude fugir. Novamente encontrei Clara, o efeito dela sobre mim em nada havia diminuído e pior, depois daquele olhar que tínhamos trocado na igreja eu sabia, simplesmente sabia, que ela sentia o mesmo por mim.

Vi quando ela saiu com a menina para o pátio da frente da casa, e discretamente saí atrás. Minhas pernas tremiam e eu me sentia apavorado. Mas precisava falar com aquela mulher, quebrar aquele efeito que ela tinha sobre minhas emoções. Eu queria que ela falasse qualquer coisa que me desagradasse. Mas sabe o que falei, sem nem mesmo pensar? Perguntei por que ela tinha chorado na igreja. Ela sorriu me respondendo que casamentos sempre a emocionavam, e eu lhe afirmei: - Mentirosa. Chorou porque acreditou que estava me perdendo.

Ela desviou o olhar e respondeu que era verdade; eu não olhei para os lados, nem pensei duas vezes; abracei-a e a beijei, não foi loucura, com toda a família de nossos cônjuges ali reunida? E a menina a nos olhar, pequena demais para entender?

Eu não sou inconseqüente, nunca fui, mas perto de Clara eu ficava. Daquele dia em diante passamos a nos encontrar. Eu não queria magoar Dorotéia, com quem eu mal tinha me casado, e menos ainda Clara ao marido, que é um bom homem.

Eu tinha certeza de que com aqueles encontros clandestinos o encanto sobre nós se desfaria. Começamos com um encontro por mês, depois dois, três. E o desencanto não acontecia. Eu esperava e não acontecia. Eu me esforçava para ser o melhor dos homens com Dorotéia, que era vítima de meus sentimentos.

Dorotéia acabou descobrindo. De certa forma eu não agüentava mais aquela situação. Vivia fingindo para Dorotéia, por me sentir na obrigação; e a única mulher que eu queria ao meu lado ainda era Clara. Creio mesmo que, inconsciente, eu queria que tudo viesse à tona e veio. Fernando separou-se de Clara, e eu, de Dorotéia.

Planejei refazer minha vida com Clara em outro lugar. Mas quando começou o processo de divórcio, Dorotéia não o queria. Fui pressionado pela família dela. Acreditando que deveria tentar recomeçar, sentia-me horrível, pois sabia, claramente, o quanto nosso ato se refletia em toda família de Dorotéia. Clara foi para sua fazenda, e eu mais uma vez jurei que iria esquecê-la, sair daquela dominação que sua irmã, mesmo sem querer, exercia sobre mim.

Não consegui. Ligava para ela diariamente, e para não escandalizá-los, pois era uma situação escandalizante, identificava-me como sendo o Fernando.

Quando tive que viajar à negócios, a única pessoa que pensei levar foi ela. Estávamos desesperados de saudades um do outro.

— E caíram em uma armadilha. Eu tive certeza. Creio que depois disso foi planejado o assassinato de minha irmã.

— Só pensei nisto depois da morte dela. E, então, não pude mais ficar um segundo com Dorotéia. Foi muito difícil, fiquei praticamente na rua. Você sabe, a família dela é influente. Não consegui encontrar outro emprego, não me pagaram meus direitos, muito mal o saldo de salário. E se não fosse o socorro de minha família, apesar de muitas acusações, eu teria ficado na rua.

Meu pai quase me espancou. Pois ele tinha certeza, como meus outros parentes, que eu havia feito um excelente casamento. Nunca fomos ricos e Dorotéia, ser filha de quem é, apaixonada por mim, todos diziam que eu tinha tirado a sorte grande.

— O que você faz hoje?

— Se pensa que eu tenho uma carreira promissora, esqueça; sei que não terei; o pai de Dorotéia se incumbe de impedir. Trabalho em uma empresa de médio porte, de um tio; engulo, sempre, suas insinuações: quem tem muito e não dá valor, tem mesmo que pastar. Ninguém entende o que ocorreu comigo; e sabe de uma coisa? Nem eu. Ainda sinto o efeito Clara sobre mim; sonho que estou com ela, tão grande é minha ânsia de que assim fosse.

Eu sentia que aquele homem, na minha frente, a quem todos acusavam de traidor, assim como minha irmã, tinha sofrido o impacto de algo muito forte sobre eles. Curiosamente não sentia exagero ou fantasia. Se eu tinha alguma raiva dele, ela se dissipava ali. Perguntei-lhe, quando se calou:

— Tem certeza de que não quer jantar?

— Não. E também tenho que parar de beber, esta é a segunda dose.

E, dizendo isso, ele acabou de beber, num gole só, o que, havia ainda no copo. Ficamos em silêncio; podia sentir que ele continuava desesperado; estava sem rumo, como se o tivessem jogado em alto mar apenas com uma bóia, e sem qualquer referência. Perguntei:

— Por que não muda de Estado e tenta vida nova?

— Não quero ir; quero acabar minha rotina, que é a vida, e pronto! Não existe mais nada de interessante para se fazer aqui. Dorotéia ficará presa?

— Natália ouviu os avós conversando com o Fernando, pedindo-lhe que diga à polícia que foi acidente. Parece que Dorotéia já se drogava há algum tempo.

— Mais uma culpa sobre mim. Ela não se drogava antes, e sua irmã vivia bem com o marido.

— Eu não diria culpa; coisas estranhas nos acontecem. Agora que falei com você, entendo muito melhor o que aconteceu; não penso mais, mal de você ou de minha irmã. Quem sabe o que ocorre sem nosso conhecimento? Arquivos nas mãos de Deus.

Ele sorriu amargamente, me dizendo:

— Tenho que ir. Aposto que na minha casa já tem uma intimação me esperando.

— Você nada teve a ver com isso.

— Engano seu, tive tudo. Desencadeei todos os acontecimentos.

— Clara não é menos culpada, se é que há culpados, não se esqueça.

— Quando eu e ela estávamos juntos, à portas fechadas, o mundo parava de existir e não era somente sexo. Havia cumplicidade, havia carinho, havia muito amor, imensa felicidade.

— Tenho certeza que sim.

Cláudio se levantou. Eu também me levantei. Agradeci o fato de ele ter comparecido ao encontro, e nos despedimos. Pedi ao garçom um pedaço de bolo confeitado para levar à minha sobrinha, e saí indo em direção aos elevadores. Repassando as palavras dele e minhas emoções ao ouvi-las.

Chegando ao quarto, eu só podia deduzir que, de algum modo, ele e minha irmã tinham sido vítimas de emoções descontroladas. Mas onde se originara todo aquele amor? E quem seria, qualquer um de nós, para condenar?

Natália estava deitada, acordada, assistindo televisão. Aproximei-me dela e lhe dei o pedaço de bolo. Ela sorriu, com olhos gulosos; acariciei sua face.

Deixei-a ali degustando o doce e, pegando minha roupa fui ao banheiro, tomar um banho; precisava de um longo banho, como se a água, escorrendo pelo meu corpo, pudesse clarear-me a mente, e tranqüilizar-me.

Eu nunca havia me apaixonado por ninguém, não com aquela força que acontecera à minha irmã e Cláudio. O que regia isto? Eu não podia aceitar que fosse o acaso.

Minha irmã havia morrido e mesmo assim Cláudio ainda a amava perdidamente, eu pudera sentir. Saí do chuveiro. Enxugando-me, podia ouvir o som da televisão, troquei-me e abri a porta. Natália já havia comido o bolo e eu pedi que fosse escovar os dentes.

De má vontade ela levantou-se da cama; foi para o banheiro fazê-lo. Deitando-me na outra cama, desliguei a televisão e me acomodei para dormir.

Natália quando voltou me deu um sussurrado: boa noite, provavelmente, pensando que eu já dormia. Não dormia; estava quieto apenas, pois meus pensamentos estavam um turbilhão.

Queria entender como essas coisas aconteciam, fazendo com que pessoas inteligentes e controladas perdessem totalmente a noção do perigo, se comportando como inconseqüentes.

Por que a capacidade de amar era muito maior em uns e bem menor em outros? Será que era bom ou não? E Dorotéia, será que realmente amava Cláudio ou fazia tudo aquilo por vingança? Novamente me ocorreu que ela havia tirado a vida de minha irmã. Até aquele momento não tinha sido descoberta, mesmo assim havia se condenado, pois se entregar às drogas era estar mais presa do que em qualquer cadeia.

Rolando de um lado para outro, eu tentava sentir as emoções dos três envolvidos para compreender melhor.

Ouvi um choro abafado. Acendi o abajur do meu lado e sentei-me na cama. Perguntei:

— Natália, por que chora? Seu pai está bem, amanhã ele sairá do hospital.

— Tenho medo de minha tia; eu sempre tive; ela parece ameaçadora.

— Sua tia tem problemas, querida, envolveu-se com drogas, perdeu a noção de realidade; falei levantando-me e sentando-me ao lado de sua cama.

— Meus avós não vão deixá-la ficar na prisão; e ela voltará e tentará matar meu pai; eu tenho muito medo. Não quero ficar órfã.

Abracei-a, dizendo algo que não sentia, pois estava com medo que isso, realmente, acontecesse. O avô de Natália era influente, e eu não duvidava que conseguisse colocar a filha em uma clínica para tratamento de drogas, e de lá ela saísse antes de, realmente, estar curada.

— Isto não acontecerá. Seu pai estará bem, muito bem e você o verá ainda de cabelos e barbas brancas, de tão velhinho.

A menina sorriu ao pensar no pai como um Papai Noel. Calei-me mantendo-a abraçada a mim; depois acomodei-a na cama pedindo-lhe que tentasse dormir com tranqüilidade.

Natália virou-se para o outro lado, aconchegando-se melhor; voltei para minha cama, e, apagando o abajur, tentei desligar-me de tudo que me incomodava; não sei em que momento consegui.

***

Quando acordei, Natália já havia ligado a televisão, com o som bem baixinho para não me acordar. Assim que me viu despertado, sorriu perguntando se a televisão não estava me incomodando.

Realmente eu mal conseguia ouvir seu som. Reparei que ela parecia estar há muito tempo acordada. Olhei a hora, não eram oito da manhã ainda. Disse-lhe que pedisse o café enquanto eu ia ao banheiro.

Perguntou-me:

— Você quer o quê, tio?

— Nada de especial, café preto, açúcar, pão, manteiga e uma geléia.

A menina sorriu pegando o telefone. Natália era uma menina inteligente. Percebi que eu ainda temia, muito, por ela e Fernando.

Pensei em convencê-lo a mudar de país, perguntando-me se, assim, eu e minha mãe os sentiríamos mais seguros. Teríamos que renunciar ao convívio com Natália, única descendente nossa até aquele momento.

Pensei em Inácio; será que já teria filhos ou, realmente, estaria pelas calçadas? Tirei esse pensamento da cabeça; imaginei-o vivendo muito bem com uma família, tendo aplicado o dinheiro, da parte que lhe coube, de forma a lhe dar alguma segurança.

Depois de nos alimentarmos fomos ao hospital. Assim que entramos no quarto, Fernando me olhou de uma forma significativa que eu não entendi. Abraçou a filha, dizendo:

— Natália, quero que você acompanhe seu tio, vá ficar na fazenda com ele. Papai não pode viajar ainda, mas assim que puder vou encontrá-la.

— Pai, tenho que voltar para a escola.

— Querida, lastimo, mas creio que só no ano que vem. Carlos, leve-a, por favor; passem em casa, ajude-a a fazer as malas; depois irei encontrá-los na sua fazenda.

Alarmado, percebi que ele queria tirar, urgentemente, a menina de lá, pois no dia anterior mesmo havia dito que ela precisava voltar para a escola. Tive certeza de que Dorotéia iria agir novamente, mas como? Fugir da cadeia? Era quase impossível. Será que os pais dela conseguiram tirá-la e levá-la para uma clínica onde não havia segurança?

Era claro que Fernando não podia me dizer que a menina estava correndo, novamente, muito perigo, ali, na frente dela.

Apesar dos protestos de Natália, peguei-a pela mão para sairmos; não fazia meia hora que havíamos chegado; pegamos um táxi e fomos, diretamente, para o apartamento deles.

Assim que entramos, com as chaves que tinham ficado com o síndico, pude sentir que ali pairava uma ameaça. Tive certeza de que se eu fosse um estranho entrando, mesmo assim perceberia que algo de ruim ocorrera.

Entrando no apartamento, fechei a porta com as duas trancas que havia. Era um prédio de vinte andares e mesmo assim, fui até a outra porta, a dos fundos e verifiquei se estava bem trancada.

Pedi à Natália que fosse preparar sua mala, e andei pelo apartamento, abrindo porta por porta, olhando se não havia ninguém que pudesse nos surpreender. Sim, era sólido que estávamos correndo perigo.

A menina não queria ir comigo, queria ficar com o pai e ainda protestava, sem perceber minha preocupação. Depois de conferir tudo, fui ao quarto de Natália, que colocava algumas roupas sobre a cama. A mala estava no quarto de seu pai e eu fui até lá buscá-la.

De repente, quando eu já voltava, uma agonia surgiu dentro de mim. Ajudei, apressadamente, Natália a colocar suas roupas na mala, tendo o cuidado de levar, também, seus livros e cadernos da escola.

Abri a porta da frente do apartamento, tornando a trancá-la. Antes de entrar no elevador, verifiquei-o colocando Natália atrás de mim, e isto assustou a menina; ela perguntou-me:

— Tio, tia Dorotéia ainda quer nos matar?

Eu sorri dizendo:

— Não! Eu gosto de brincar de detetive. Sou do interior, estranho elevadores.

Ela sorriu, mas senti que não a convencia.

Quando chegávamos ao andar térreo ela ainda perguntou-me:

— Tio, meu pai vai mesmo nos encontrar?

— Claro, querida, tenho certeza, absoluta; duvido que ele consiga ficar muito tempo longe de sua filha preferida.

A menina sorriu; a porta do elevador abriu-se e espiei antes de sair; aproximando-se do porteiro pedi-lhe que ele nos arranjasse um táxi. Ele saiu enquanto Natália e eu esperávamos no saguão; logo um táxi parou; descemos os poucos degraus, da entrada do prédio, e entramos nele, rapidamente, indo em direção do hotel onde estávamos hospedados. Chegando lá, pedi a conta e subimos ao quarto para pegar nossas coisas. Depois, como era perto, fomos ao hospital mais uma vez.

Natália se despediu do pai, e quando aproximei-me para lhe dar as chaves e me despedir, ele me preveniu mais uma vez dizendo, discretamente:

— Tome cuidado.

Fomos para o aeroporto; de lá liguei para um vizinho que tinha uma pista de pouso, pedindo-lhe permissão, para que o táxi aéreo, no qual iríamos viajar, pousasse ali. Ele permitiu sem maiores problemas.

Depois liguei para minha mãe avisando que eu estava levando Natália comigo e que ela pedisse a alguém que fosse buscar-nos na fazenda do sr. Francesco, um italiano muito simpático que, também, criava gado. Dei a hora aproximada de nossa chegada e desliguei.

Sabia que tinha deixado minha mãe apavorada; ela entendera que algo grave ainda poderia ocorrer com sua neta.

Entramos no aviãozinho alugado por mim. Natália estranhou um pouco; senti-a insegura. Sentando-me ao seu lado, segurei suas mãos entre as minhas.

Durante as horas de vôo fomos em silêncio. Eu estava inseguro por não saber o que estava ocorrendo realmente; Fernando não quisera falar na frente da criança.

Logo o avião pousava. O dono da fazenda mandara um jipe nos esperar, mas não foi preciso; Jorge, também, já estava esperando por nós.

Pedi ao empregado que agradecesse ao senhor Francesco a gentileza, e prometi ligar assim que chegasse a minha casa. Entrando no jipe que nos levaria a minha casa, perguntei a Jorge se tudo estava bem.

Ele balançou a cabeça que sim. Eu podia sentir que estava com um milhão de perguntas para me fazer. Em menos de quarenta minutos estávamos em casa.

Minha mãe abraçou Natália, declarando-lhe que era muito bem-vinda; mas a menina estava um tanto emburrada ainda, pois queria ter ficado com o pai.

Amélia agradando-a, foi ajudá-la a se instalar. Minha mãe já tinha entendido que a menina ainda corria muito perigo, e me perguntou mal Natália saiu de perto:

— O que aconteceu? Você não me disse que a tia está presa?

— Mãe, não sei. Ontem Fernando tinha nos avisado que a menina precisava voltar para a escola. Hoje, pediu-me que a trouxesse. Ficou claro para mim que ela corria ainda muito perigo. Vou ligar para ele no hospital, se é que ele ainda está lá, pois teria alta ainda nesta manhã.

— Pois fale logo com ele, precisamos saber que tipo de perigo.

Fomos para o gabinete, fechando a porta, liguei para o hospital. Fernando já tinha saído e eu não sabia se teria ido para seu apartamento ou para a casa dos pais, o que seria mais adequado.

Primeiro liguei para o apartamento dele e logo ele atendeu. Eu lhe disse que já estávamos na fazenda. Pedi que me desse mais detalhes, e ele respondeu:

— Minha irmã declarou que Natália não viverá. Tornou a afirmar que ela é filha de Cláudio. Eu sei que não é. Mas se Dorotéia acredita, na perturbação em que está, poderá fazer qualquer coisa. Sei que está presa, mas no mundo das drogas se faz de tudo pelo dinheiro de mais uma dose. Carlos, tomem muito cuidado; apesar de minha irmã não saber para que lado fica sua fazenda; sabia da outra, dessa não, graças a Deus!

— Você virá para cá mesmo?

— Claro! Mas estou preso à burocracia. Ainda tenho que prestar depoimento; meus pais querem que eu diga que foi um acidente. Meu Deus! Dorotéia é minha irmã, mas não posso dizer isto quando a vida de minha filha corre tanto perigo.

— Fique tranqüilo. Vou pedir que vigiem Natália e ela não se afastará muito da casa; ficaremos atentos a ela.

— Por favor, tomem conta dela e procure não deixar que ela perceba nossa agonia, afinal é, somente, uma criança; não a quero mais traumatizada ainda, do que já está.

Pedindo que ele se acalmasse, desliguei o telefone, e narrei o diálogo à minha mãe que estava à minha frente.

Ela afirmou que ali era impossível alguém chegar, até pela própria distância. Claro que ela tinha razão, mas mesmo assim eu temia, um temor vindo do fundo de minha alma.

Pensei em mandar minha mãe e Natália fazerem uma viagem para um lugar onde somente elas e eu soubéssemos. Mas tive certeza de que Natália não ia querer, pois ficaria mais longe ainda de seu pai. Talvez esse fosse o planejamento dele.

Trocando de roupa, fui para meus afazeres na fazenda, entregando Natália aos cuidados de minha mãe.

Pedi a Jorge e a outros empregados que ficassem atentos a qualquer estranho pelas redondezas, e mesmo quando fossem à vila.

Questionava-me por que Dorotéia mandara assassinar minha irmã, no entanto, ao ex-marido Cláudio nunca fizera nada. Qual seria a lógica da mente dela? Reconciliação? Não existia a mínima possibilidade; mas será que ela percebia isso, claramente? Eu entendia que era muito difícil aceitar que amando um homem, ele se entregasse a outra paixão, principalmente, a própria cunhada.

Como Fernando se sentia em relação a isso? O quanto sofria e o que pensava sobre tudo?

Eu entendia, depois de ter falado com Cláudio, o que ocorrera entre ele e Clara, e lastimava por minha irmã. Sabia com clareza que essa ligação tão forte vinha de lá de trás, de outras vidas. Havia amor sim, mas perturbado, pois tinha grandes pitadas de obsessão entre Clara e Cláudio, e de Dorotéia para ele. E pior, não estava se resolvendo nesta vida. Quando se resolveria?

***

Dois dias se passaram e Fernando chegou de helicóptero, pousando na área de pasto, assustando o gado e alguns funcionários.

Já tinha nos avisado por telefone, e eu indicado onde pousar. Pedi a Jorge que levasse Natália para encontrar com o pai.

Quando eles chegaram em casa, Natália estava de mãos dadas com ele, que ainda se movimentava com dificuldade. Jorge ajudou a colocar as malas dentro de casa e Fernando pediu para ficar no mesmo quarto que a filha, tal era seu medo e insegurança.

Senti que mais alguma coisa havia mudado e para pior. A menina não saia de perto de seu pai; ele e eu queríamos conversar, por isso lhe pedi que fosse brincar. Ela teimou em se manter ao lado dele, como se afastando-se, ele pudesse desaparecer. Resultado: tivemos que adiar a conversa.

Só conseguimos conversar depois do jantar. Dorotéia jurava na cadeia que Natália não iria viver por muito mais tempo, pondo em pavor até os próprios pais, aumentando nossa preocupação, apesar da dificuldade de chegar até minha propriedade.

Fernando falou o que eu já suspeitava; apesar da licença médica, havia pedido transferência no emprego, e iria morar em outro Estado.

Nós nem podíamos objetar, pois sabíamos que Dorotéia, fria e cruelmente, mandara matar minha irmã; a família dela não queria acreditar e a polícia por absoluta falta de provas.

Quando finalmente fui para a cama, depois de verificar minuciosamente portas e janelas, ainda fiquei muito tempo sem conseguir dormir; podia sentir a ameaça flutuando sobre nossas cabeças, como uma nuvem de mau agouro.

A cada dois dias, mais ou menos, Fernando falava com seus pais no Rio. Discutiam muito, eles ainda queriam que ele dissesse que fora acidente, e ele teimava em não alterar seu depoimento.

Depois de mais ou menos uns quinze dias da chegada de Fernando. Acordei com um sussurro em meu quarto, apesar do estado de alerta que todos sentíamos, inclusive eu, sentei-me calmamente.

Vi a imagem de Clara, diáfana aos pés de minha cama, e ela dizia-me:

Tirem Natália hoje daqui; Por favor, tirem-na daqui e logo.

Nem me passou pela cabeça questionar ou fazer algumas das perguntas que me torturavam. Olhei para o relógio, quatro da manhã. Vesti-me apressadamente, e fui bater de leve no quarto que Fernando e a filha ocupavam, rogando que Natália não acordasse.

Ele também não ouvia. Por isso abri devagar e entrei. Na semi-escuridão toquei de leve nos ombros dele, e sussurrei:

— Fernando, acorde!

Ele levantou-se, sem me identificar de imediato; falei:

— Venha, vamos conversar.

Ele olhou para os lados, como se para verificar que eu era real. Depois levantou-se devagar, como se seu corpo ainda pesasse.

Saindo do quarto, ainda no corredor, fechei a porta atrás de mim, e segui para a sala. Acendi um dos abajures e Fernando sentou-se em um dos sofás. Esfregou os olhos como se eles estivessem com dificuldade de se manterem abertos. Eu lhe disse:

— Você tem algum lugar para ir?

— Por que, Carlos?

— Precisa sair daqui hoje.

— Meus pais ligaram? Dorotéia fugiu?

Olhei-o, diretamente, nos olhos. Como dizer que Clara havia aparecido para mim? Julguei que seria melhor não dizer.

— Acordei agora, sinto o perigo no ar, uma urgência.

Ele relaxou, dizendo:

— Estamos vivendo os piores dias de nossas vidas. Parece filme de televisão, mas é real e eu não me sinto super-herói. Vamos dormir que ainda é de noite.

— Quero levá-los à fazenda de um amigo meu.

— Carlos, já me sinto constrangido de estar aqui, atrapalhando a rotina de vocês; não me faça ficar na casa de gente a quem nem conheço. Vamos dormir. É estado de tensão. Agora mesmo, quando você me acordou eu sonhava com Clara. E ela me dizia que eu a compreenderia. Nunca! Como posso entender a traição que ela e meu cunhado fizeram?

E dizendo isso, ele levantou-se do sofá, voltando para o quarto. Fiquei na sala, idiotamente, duvidando do que chamava de sobrenatural. Procurei pensar com lógica. Ele tinha razão; não tinha sentido saírem dali. Eu iria deslocar dois empregados, que tomavam conta do gado contra ladrões, para ficarem de plantão perto da casa. E assim todos estaríamos seguros. E outra, Dorotéia não podia ser tão perigosa assim, afinal, não era dirigente de nenhuma máfia. Apenas alguém que se entregara ao ódio e ao vício — ponderei.

O que eu sentia por ela? Antes raiva, por ter assassinado minha irmã, mas, naquele momento, um dó imenso. Pois a infelicidade que devia estar sentindo era imensurável.

Voltei para a cama e não consegui dormir, novamente. Queria deixar de lado, minhas emoções que gritavam para que eu sumisse com aqueles dois dali, e permitir que meu raciocínio lógico, dirigisse minhas ações com discernimento.

De manhã nem eu ou o Fernando comentamos com minha mãe a conversa que tivéramos durante aquela madrugada. Eu temia assustá-la mais e, ainda por cima, fazê-la perder a confiança em minhas ações.

Depois de alimentado, a primeira coisa que fiz foi deslocar os dois empregados para perto da casa, o que não passou despercebido a ninguém.

Falando com Jorge, que também estava muito preocupado com a situação, pois criava uma certa inquietação em todo mundo, inclusive nos empregados, ele disse-me:

— Lígia esta manhã me pediu que falasse a você para ir conversar com ela.

— O que ela quer de mim?

— Melhor você ir lá. Minha esposa tem alguns comportamentos diferentes. Eu já me acostumei a eles, e raramente, quando ela me previne, está errada. Não sei de onde ela tira as conclusões, mas depois de tanto tempo de casados aprendi a respeitar e obedecer.

— Vou falar com ela depois do almoço.

— Não. Vá agora. Deixe que eu cuido daqui.

Larguei o que estava fazendo, e fui até a casa de Jorge, tentando me lembrar há quanto tempo eu não falava com Lígia; eles moravam dentro das terras, mas um tanto afastados da casa sede. Eu não me sentia íntimo, o bastante, para entrar na casa de Jorge sem a sua presença; isto só acontecera na época da morte de meu pai. Chegando perto da casa, eu bati palmas; ela olhou, pela janela, para ver quem era. Sorriu, convidando-me para entrar; entrei. Timidamente, ela ofereceu-me um lugar para sentar-me, e mantendo os olhos abaixados, disse-me:

— Carlos, perdoe-me por me meter em assuntos familiares e tão íntimos. Peço-lhe, tire sua sobrinha daqui, posso sentir que o perigo está cada dia mais perto.

— Já pensei sobre isso. Tento não perder a lógica e me entregar ao pavor. Sei que vocês sabem de tudo o que ocorre, até porque minha mãe conta a você. Hoje mesmo, de madrugada, Fernando e eu conversamos. Para onde eu os mandaria? Ele está ferido, com dificuldade de se locomover, recuperando-se de uma cirurgia, ainda sente dor, precisa de cuidados; a menina também, é somente uma criança.

— Tire-os daqui, nem que sua mãe tenha que ir junto. Mas tire-os, eu sinto. Não sei de onde vem, mas desde que Natália entrou nessa fazenda, há poucos dias atrás, eu me sinto agoniada.

Levantei-me, dizendo:

— Fique tranqüila. Coloquei dois homens armados perto da casa. Os mesmos que ficam tomando conta do gado e são bons, tanto que roubam gado de muitas fazendas e daqui nunca roubaram.

— Se eu pudesse ordenar, você os tiraria daqui - teimou ela.

— Até quando vão ficar fugindo por algo de que não têm culpa? Não! Eu tomo conta deles. Deixei todos da fazenda atentos, mesmo expondo meus problemas familiares e o escândalo de minha irmã, abertamente.

Percebendo que eu parecia irredutível, ela apenas acenou com a cabeça que sim. Levantei-me e saí. Mas o medo me rondava, procurei tirar a cena de minha irmã, no meu quarto, da mente; eu não podia explicar e era difícil aceitar a possibilidade. Ignorante, faltava-me fé no que eu sentia e via.

***

No outro dia, não era meio dia ainda; senti como uma dor no peito; estava nos pastos, um tanto longe da casa e a cavalo.

Sem explicar ao empregado que estava ao meu lado, eu, a cavalo ainda, disparei em direção a casa; ele, por reflexo rapidamente, emparelhou comigo, perguntando:

— Carlos, o que houve?

— Preciso chegar em casa.

— Estamos perto, não precisa sacrificar o animal.

Realmente, em menos de dez minutos eu já estava a poucos metros da casa. Procurei com os olhos os dois seguranças e os vi.

Um deles sentado embaixo de uma parreira, de arma na mão, e o segundo, do outro lado, em outro ângulo. Chegando a um deles, perguntei:

— Onde estão minha sobrinha e o pai?

— Estão passeando. Agora mesmo estavam aqui, sempre passeiam de manhã, ele não pode ir longe por causa do ferimento. Bem que eu já quis acompanhá-los, seu cunhado não permitiu.

— Procure-os, se sabe para que lado foram.

Minha mãe, ouvindo minha voz alterada, apareceu na varanda, enxugando as mãos no avental. Eu mal a olhei, fui direto ao outro segurança, pedindo-lhe:

— Quero que fique na varanda. Não saía de lá.

— O que foi, filho? - perguntou minha mãe alarmada.

— Estou agoniado, mãe. Parece que não estou fazendo a segurança direito.

— Claro que está! É essa situação que desgasta. Eu nem tenho conseguido dormir. Nunca ouvi tanto barulho a noite como tenho ouvido.

E dizendo isto ela voltou para dentro. Tentei avaliar se estava exagerando. Claro, que ferido como estava, ainda tomando analgésicos, Fernando não ia longe com a filha. Talvez estivessem no galinheiro, vendo a nova ninhada de pintinhos; Natália adorava aqueles bichinhos.

Desci do cavalo, entregando-o a alguém para levá-lo à cocheira. Debrucei-me na varanda de olho em tudo. Logo os vi voltando com o segurança que eu mandara buscá-los. Censurei-me, novamente, crendo exagero, temi estar perdendo o controle de minhas emoções ante a situação de tanta pressão.

Natália vinha na frente do pai, que conversava distraidamente com o segurança, a uns cinco passos deles, pulando ora em um pé, ora em outro, completamente distraída.

Senti como um choque que me impulsionava em direção a eles; não houve tempo de pensar em nada; corri em disparada na direção de Natália, jogando-a no chão, e ao mesmo tempo sentindo uma dor insuportável na cabeça.

Por algum tempo eu não conseguia pensar; a sensação de estar derrubando-a prolongou-se. Depois, fiquei muito confuso; questionei-me por que fizera aquilo, com certeza a menina tinha ficado muito assustada. Ainda pensei: Estou ficando neurótico.

Sentei-me e olhei ao redor, e, como se fosse irreal, vi pessoas olhando-me, luzes pareciam piscar na minha frente. Muito atordoado, disse-lhes:

— Desculpem, estou realmente ficando neurótico, nem sei por que corri deste modo, jogando a menina no chão com tanta brutalidade.

Procurei Natália ao meu lado, com os olhos; parecia que eu não conseguia enxergar e ouvir direito; sentia-me, muito assustado ainda.

Deslumbrei um dos seguranças com a arma na cabeça de alguém, que estava ajoelhado no chão. Coloquei-me de pé, um zumbindo se fez em meus ouvidos, uma tontura enorme me fazia tremer, sentei-me no chão, novamente.

Senti Fernando desesperado, lágrimas rolavam copiosamente de seus olhos, ele gritava agoniado:

— Meu Deus! Esta desgraça não acaba nunca! Clara, o que você foi desencadear! Meu Deus! Meu Deus! Como minha irmã conseguiu mandar alguém até aqui?

E a resposta veio automática em minha mente: Ela o contratou, tem dinheiro para contratar quantos assassinos quiser. Vocês têm que sair do país.

Somente neste momento minha mente processou o fato de que eu estava morto. Senti um pesar enorme e comecei a chorar. Minha mãe não estava ali, nem Natália. Será que o assassino tinha conseguido feri-la? Claramente, delimiou-se a resposta: não.

Vi Clara à minha frente e ela me dizia chorando também: por que não me ouviu? pedi-lhe tanto! Por que não acreditou que, ainda, tenho laços com minha família e amo Natália? Sua morte poderia ter sido evitada.

Alguns empregados já vinham correndo; Fernando não parava de chorar e eu podia sentir seus pensamentos; sairia do país o mais depressa possível, apesar de estar ferido e precisar de alguém para cuidar da menina.